Afrontamiento y Competencias Socioemocionales en la Formación de Profesores de Psicología

Afrontamiento y Competencias Socioemocionales en la Formación de Profesores de Psicología

Dra. Livia García Labandal

Serie lux viridis
Psicoeducadores en formación
2020

Afrontamiento y Competencias Socioemocionales en la Formación de Profesores de Psicología
Livia García Labandal
1a ed. Ciudad Autónoma de Buenos Aires: PsiDispa, 2020.
(Serie Lux viridis. Psicoeducadores en formación; 5)
218 p. ; 23 x 15 cm.
ISBN 978-987-86-5711-0
1. Psicología. 2. Formación Docente.
3. Educación Superior.
I. Título.
CDD 150.711

ISBN 978-987-86-5711-0

Tapa: ©2020 PsiDispa
verP1.00cov1.00marKDP1.00conf2.00

Tapa: *Afrontando la silueta*, PsiDispa (2020).
Ultima página: gentileza de los integrantes de la Comisión 16 de la Asignatura Didáctica y Práctica de la Enseñanza (2019).
En la foto: la Profesora a cargo de la Comisión, dos coayudantes y sus estudiantes.

Impreso en los Estados Unidos de América

A todos los que lo hicieron posible,
y entre ellos especialmente ... a mi familia.

Contenido

III ANEXOS

Introducción

La formación docente ha sido objeto de preocupación e interés, con mayor énfasis, desde mediados del siglo XX y puede afirmarse que es uno de los problemas más ponderados hoy, dada la inherencia de los sistemas educativos en la constitución y formación de recursos humanos para las sociedades actuales.

En este libro se presentan conceptualizaciones sobre tipos de Afrontamiento y sobre las nueve Competencias Socioemocionales básicas que resultan insumos nodales al pensar en la formación de profesores para el nivel medio y superior. También se presentan los resultados de una investigación que muestran que la formación docente en el tiempo de las prácticas constituye una oportunidad para cuestionar y repensar la educación y así contribuir a una transformación.

Diversas disciplinas fueron desentrañando distintos niveles de complejidad y múltiples exigencias generadas a los docentes por la tarea de ser profesor. Ello abrió camino a indagaciones que se ocuparon de revisar qué competencias requieren los docentes para afrontar semejante responsabilidad y desafío.

En el ámbito de la didáctica universitaria resulta de interés describir las competencias que debería presentar un docente ya que se trata de un saber complejo, resultante de la integración, de la dinamización y de la disposición de un conjunto de capacidades y habilidades de orden cognitivo, afectivo, psicomotor y social; y de conocimientos utilizados de manera eficaz, en situaciones que tienen un carácter común (Blanco, 2009).

El desarrollo de competencias para enseñar implica centrarse en un modelo de formación que, si bien se nutre de la noción de aprendizaje, debe entenderse en su anudamiento dinámico, experiencial y contextual. Uno de los temas nodales en la formación docente es favorecer la vivencia de experiencias sociales e intelectuales, individuales y colectivas que superen ampliamente el entrenamiento técnico o la incorporación de saberes teóricos desvinculados de su contexto de transferencia. Se procura promover capacidades y disposiciones para afrontar situaciones complejas, dinámicas e imprevisibles. Esto exige un compromiso integral, de todas las dimensiones del saber, del poder, del hacer y del ser, de quienes tienen la responsabilidad de formar futuros profesores.

La multidimensionalidad constitutiva de las tareas de enseñar y de aprender en contextos complejos entraña un desafío que interpela al profesor universitario a cargo de la experiencia formativa. Las condiciones de enseñanza en la escuela media y en el nivel superior invitan a pensar y evaluar qué competencias les serán necesarias a los docentes a la hora de desempeñar su tarea en las aulas. Los sujetos de ambos niveles, los contenidos, las herramientas y demandas actuales en educación, invitan a valorar, repensar y enriquecer los dispositivos actuales de formación docente.

A lo largo de la historia se consideró que el aprendizaje de una actividad práctica se podía realizar a través de la imitación de aquellos experimentados en la misma. El avance de los conocimientos teóricos y la mayor comprensión de los problemas que el ejercicio de una práctica puede presentar dieron lugar a una preocupación por la formación teórica necesaria para diversos desempeños. Se generalizó, entonces, la convicción de que era ineludible una formación teórica previa al aprendizaje de una práctica y que bastaban algunos ejercicios prácticos como cierre final de esa formación. Ya es sobradamente reconocida la insuficiencia de ese enfoque formativo (Anijovich, Cappelletti, Mora y Sabelli, 2012).

Recién en las últimas tres décadas, a partir de los enfoques prácticos y críticos, comienza un significativo desarrollo teórico y de programas de investigación de una concepción alternativa de la práctica. Esto posibilitó revisar que el practicante está implicado en las acciones que realiza y que su modo de pensar y de actuar están atravesados por complejos saberes, conocimientos y creencias, producto de un largo proceso de formación (Anijovich, Cappelletti, Mora y Sabelli, 2012). Una formación del profesorado que tenga como meta promover docentes para la educación media y superior, capaces de enseñar a aprender y a pensar a sus estudiantes debería "predicar con el ejemplo". Y además plantearse, los mismos principios, métodos y actividades parecidas a las que se espera que los docentes empleen en su ejercicio profesional, en sus respectivas aulas universitarias.

Estudiar las competencias socioemocionales de los futuros profesores de psicología y el afrontamiento de las prácticas docentes en la formación inicial resulta relevante, en tanto el desafío estará puesto en generar dispositivos que favorezcan el tránsito por las prácticas para enseñar. Para ello será necesario analizar las respuestas de afrontamiento implementadas por profesores de psicología en formación inicial en el marco de sus prácticas docentes en el Profesorado de Psicología; evaluar las fortalezas personales y contextuales de los futuros profesores de Psicología en Formación inicial que realizan sus prácticas docentes y analizar la asociación existente entre las variables consideradas en el estudio realizado.

Este libro se organiza en tres partes. La primera parte desarrolla el marco conceptual que da sustento a esta investigación. En el primer capítulo se presentan la conceptualización de afrontamiento y los tipos de respuestas de afrontamiento, situándolas en relación con las prácticas docentes. Se revisa el lugar nodal del tutor de prácticas en el acompañamiento de profesores noveles, en tanto proporciona orientación y asesoramiento en el desarrollo de las competencias docentes para el desarrollo profesional.

El segundo capítulo hace foco en los aspectos conceptuales más significativos de las competencias socioemocionales. Luego se profundiza sobre ellas en la población docente y sus prácticas de enseñanza. En el tercer capítulo se revisan las prácticas docentes y sus dimensiones.

En la segunda parte se lleva adelante la caracterización del problema considerando su complejidad y exhaustividad. Inicialmente se presentan los objetivos focalizados a la temática particular abordada y las hipótesis de trabajo que guiaron la investigación realizada. La descripción de la metodología de trabajo incluye la construcción y adaptación de instrumentos específicos. Los resultados obtenidos, tanto del análisis cualitativo como cuantitativo de los datos recolectados, son analizados y discutidos en esta parte.

El capítulo con las conclusiones refleja la síntesis de lo explorado, en tanto que en el capitulo final se proponen futuras líneas de investigación, a partir de los resultados obtenidos y los nuevos interrogantes surgidos en este trabajo. Finalmente, en la tercera parte, se incluyen las referencias bibliográficas —las fuentes que nutrieron este trabajo—, la lista de instrumentos, y se detalla la nomenclatura y la terminología utilizadas para exponer los resultados.

El material presentado en este libro fue tomado en parte de la Tesis Doctoral en Psicología presentada ante la Facultad de Psicología, Universidad de Buenos Aires, con el título **Afrontamiento y Competencias Socioemocionales en la Formación de Profesores de Psicología** por la autora.[1]

[1]Directora de la Tesis: Prof. Dra Isabel María Mikulic. Defensa Oral y Pública el 27/11/19. Aprobada con 10 (diez) sobresaliente y mención *Summa Cum Laude.*

PARTE I

Marco conceptual

CAPÍTULO 1

Afrontamiento

En la actualidad las personas se ven sometidas en sus espacios de trabajo a diversas situaciones estresantes, en parte por los efectos de la globalización y por la necesidad de desarrollar, cada vez más, competencias de mayor especificidad a nivel laboral. Esto produce como efecto reacciones frente a las complejidades que se les presentan, generando en ellos respuestas tendientes a afrontar dichas circunstancias con las que conviven día a día.

Es frente a estas situaciones que surge el concepto de afrontamiento como aquellos esfuerzos cognitivos y conductuales cambiantes que se desarrollan para manejar las demandas internas o externas evaluadas como desbordantes de los recursos de las personas. En otras palabras las estrategias de afrontamiento son recursos psicológicos, que las personas ejecutan para hacer frente a situaciones estresantes, sirven para generar, evitar o disminuir conflictos en los seres humanos, atribuyéndoles beneficios personales y contribuyendo a su fortalecimiento.

Concepto de afrontamiento

La conceptualización de los procesos de afrontamiento es un aspecto central en las teorías actuales sobre la adaptación de las personas y el proceso de estrés que las mismas enfrentan en su vida cotidiana. El afrontamiento se enfoca como un factor estabilizador que puede ayudar a los individuos a mantener su adaptación psicosocial durante períodos de alto estrés (Lazarus y Folkman, 1986; Moos y Schaefer, 1993).

Fleishman (1984) define el afrontamiento como las respuestas cognitivas o comportamentales "para reducir o eliminar el distrés psicológico o las condiciones estresantes". Las teorías contemporáneas enfatizan los aspectos multidimensionales de los procesos de percepción y afrontamiento. Los investigadores han usado dos perspectivas conceptuales para clasificar las estrategias de afrontamiento: Unos ponen énfasis en la orientación o foco del afrontamiento, ya sea focalizado en un problema o en una emoción, en tanto que otros privilegian el método del afrontamiento, ya sea cognitivo o conductual (Lazarus y Folkman, 1986; y Moos y Schaefer, 1993).

Lazarus y Folkman (1986), proponen dos funciones principales del afrontamiento que dan lugar a dos dimensiones básicas del mismo. Las funciones a las que estos autores hacen referencia son: regular la respuesta emocional que surge a partir del problema y alterar o manipular el problema. Estas dos funciones dan lugar a dos tipos principales de afrontamiento (dirigido a la emoción y dirigido al problema), que se influyen mutuamente y que pueden potenciarse o interferirse.

1. *Afrontamiento dirigido a la emoción.*
   Se trata de procesos cognitivos que apuntan a disminuir el grado de trastorno emocional. Incluye estrategias como la evitación, la minimización, el distanciamiento, la atención selectiva, las comparaciones positivas y la extracción de valores positivos a los acontecimientos negativos.

2. *Afrontamiento dirigido al problema.*
   Estas estrategias están dirigidas a la definición del problema, a la búsqueda de soluciones alternativas, a la consideración de tales alternativas en base a su costo y a su beneficio y a su elección y aplicación.

Es posible señalar que el afrontamiento, comprende las estrategias cognitivas y comportamentales, que los individuos utilizan tanto para manejar una situación percibida como estresante, como así también, las reacciones emocionales negativas producidas por la misma. Lazarus y Folkman (1986) sostienen que el modo de afrontamiento de los individuos está determinado por sus recursos disponibles, dentro de los cuales incluyen tanto la salud y la energía física, como las estrategias de resolución de problemas, habilidades sociales, apoyo social y recursos materiales, creencias existenciales y creencias generales sobre el control. Asimismo, influyen en el afrontamiento, los condicionantes personales ya que limitan al sujeto en la utilización de los recursos disponibles.

Las investigaciones focalizadas en el apoyo social y el afrontamiento han demostrado que existen evidencias de que el apoyo social (Cohén y McKay, 1984; y Thoits, 1985) influye en las estrategias de afrontamiento en las que se comprometen los sujetos bajo estrés. A modo de ejemplo, Lazarus y Folkman (1986) definieron los recursos tales como el apoyo social como aquello con lo que un individuo "cuenta para afrontar" y ellos plantean que tales recursos "preceden e influencian el afrontamiento". En forma similar, Thoits (1986) postula que el apoyo social bajo la forma de consejo y aliento puede incrementar la posibilidad de que una persona elija una estrategia como la resolución activa de un problema, la búsqueda de información, etc.

Desde un modelo ecoevaluativo y sobre la base de éstos y otros descubrimientos relacionados (Cronkite y Moos, 1984) se propone un modelo general del afrontamiento donde los recursos sociales o contextuales y los personales se relacionan con la salud mental y el bienestar psicológico tanto directa como indirectamente, a través de respuestas de afrontamiento adaptativo (Hollahan y Moos, 1991). Además, se presume que la relativa fuerza de las asociaciones predictivas en este modelo general del afrontamiento varía de acuerdo con los factores moderadores contextuales (Hollahan y Moos, 1991). En tal sentido Moos y Schaefer (1993) plantean que los procesos de afrontamiento de aproximación deberían ser más efectivos en situaciones que sean valoradas como cambiables y controlables … el estilo de afrontamiento de un sujeto necesita ajustarse con la situación.

La conceptualización que se adopta para este trabajo se presenta como alternativa a las formulaciones tradicionales de afrontamiento, dando cuenta de sus múltiples funciones y de la influencia del contexto, caracterizándolo como proceso y no como rasgo preestablecido de cada sujeto.

Pensar al afrontamiento como proceso permite señalar tres características: primero que hace referencia a las observaciones y valoraciones relacionadas con lo que el individuo realmente piensa o hace, en contraposición con lo que éste realmente hace. En segundo término, lo que el sujeto hace o piensa es analizado dentro de un contexto específico. Los pensamientos y las acciones de afrontamiento están siempre dirigidos hacia condiciones particulares.

Para entender y evaluar el afrontamiento es necesario conocer aquello que la persona afronta. En tercer lugar, todo proceso de afrontamiento implica hablar de un cambio en los pensamientos y actos a medida que se desarrolla la interacción. Así, el afrontamiento es un proceso cambiante para el cual el individuo debe contar con estrategias defensivas y en otros casos con herramientas útiles para resolver problemas.

El afrontamiento no es fruto del azar sino de continuas evaluaciones y reevaluaciones en la relación dinámica entre el sujeto y su entorno. Incluye mucho más que la resolución de un problema y su desarrollo efectivo sirve a otras funciones, por ello no deben confundirse las funciones del afrontamiento con sus resultados, dado que son independientes de los mismos.

Tipos de respuestas de afrontamiento

Las estrategias de afrontamiento requieren, por parte de los sujetos, de la utilización de diferentes habilidades. Estas habilidades pueden llevarse a cabo individualmente, consecutivamente o en varias combinaciones. Las estrategias de afrontamiento específicas no son por sí mismas adaptativas o desadaptativas, dado que, al depender entre otros factores, del contexto, habilidades que pueden ser efectivas en una situación, pueden no serlo en otra. Asimismo, habilidades que pueden ser beneficiosas utilizadas temporaria o moderadamente pueden ser dañinas si se las usa exclusivamente.

En este sentido, el término habilidades marca el aspecto positivo del afrontamiento y lo presenta como una habilidad que puede ser enseñada y usada flexiblemente de acuerdo con los requerimientos de la situación.

A partir de estas ideas, Moos y Schaefer (1986), categorizan las respuestas de afrontamiento en ocho tipos.

Éstos son:

1. *Análisis Lógico y Preparación Mental.*
   Este grupo de habilidades se refiere a la posibilidad de prestar atención a un aspecto de la crisis por vez, de partir un problema grande en problemas pequeños y potencialmente manejables, volver hacia experiencias pasadas y ensayar mentalmente soluciones alternativas y sus posibles consecuencias. Implica los intentos cognitivos de com-

prender y prepararse mentalmente para enfrentar un estresor y sus consecuencias.

2. *Redefinición Cognitiva.*
   Comprende a las estrategias cognitivas por las cuales un individuo acepta la realidad básica de una situación, pero la reestructura para buscar algo favorable. Incluyen, recordar uno mismo que las cosas podrían ser peor, verse a sí mismo bien en comparación con otra gente, alterar valores y prioridades en la línea de cambiar la realidad y concentrarse en algo bueno que pueda generarse a partir de la crisis.

3. *Cognitiva o Negación.*
   Implica habilidades que apuntan a negar o minimizar la seriedad de una crisis. Son aquellos intentos cognitivos de evitar pensar en el problema de forma realista. Estas habilidades tienden a ser descriptas en la literatura como "mecanismos defensivos" porque son respuestas autoprotectivas al estrés. No obstante, el problema de esa terminología es que no hace referencia a su valor constructivo, que consiste en evitar temporalmente que el sujeto se sienta sobrecargado por algo que no pueda manejar y darle el tiempo necesario para buscar otros recursos de afrontamiento.

4. *Búsqueda de Información y Apoyo.*
   Este grupo de habilidades cubre obtener información, apoyo y orientación sobre la crisis y alternar cursos de acción y su probable resultado. Estas habilidades a menudo son usadas en combinación con análisis lógico, mientras los sujetos, tratan de retomar el sentido de control de la situación aprendiendo acerca de las demandas de la misma y preparándose mentalmente. Comprende habilidades para buscar apoyo y reaseguramiento en la familia, amigos, profesores y otras personas en la comunidad.

5. *Toma de Acción para la Resolución de Problemas.*
   Se refiere a la toma de acciones concretas para manejar directamente una crisis o sus resultados o consecuencias. Implica los intentos conductuales de realizar acciones conducentes directamente al problema.

6. *Búsqueda de Gratificaciones Alternativas.*
   Estas habilidades alcanzan los intentos de reemplazar las pérdidas involucradas en ciertas transiciones y crisis, cambiando las propias actividades y creando nuevas fuentes de satisfacción. Son los intentos conductuales de involucrarse en actividades substitutivas y crear nuevas fuentes placenteras. Tales respuestas de afrontamiento comprenden hacer planes a corto plazo para manejar temas concretos y establecer objetivos limitados y concretos.

7. *Descarga Emocional.*
   Estas habilidades comprenden los intentos conductuales de reducir la tensión expresando sentimientos negativos. Incluye ventilar abiertamente los propios sentimientos de enojo y desesperanza, llorar o gritar y el uso del humor.

8. *Aceptación Resignada.*
   Son intentos cognitivos de reaccionar al problema aceptándolo. Implica aceptar la situación tal cual es, admitiendo que las circunstancias básicas no pueden ser alteradas y resignarse al destino. Dentro de esta categoría, se incluyen las estrategias que concluyen que nada se puede hacer para cambiar las cosas. En el caso de demandas aparentemente abrumadoras, algunos individuos desarrollan una creencia fatalista, según la cual la vida es vista como impredecible y el desastre como inevitable.

Estas ocho categorías comprenden los tipos de habilidades de afrontamiento, son según Moos y Schaefer (1986), las que generalmente se utilizan para manejarse en los momentos de cambios de la vida. Es importante señalar que estas estrategias raramente se utilizan en forma exclusiva. En una crisis vital es importante llevar a cabo un conjunto de tareas a desarrollar, esto requiere siempre una combinación o secuencia de estrategias de afrontamiento para hacer frente a dichas crisis.

Moos (1993) ha estudiado las conexiones entre las respuestas de afrontamiento y el funcionamiento del sujeto, y ha encontrado interesantes aportes. Las respuestas de aproximación en el afrontamiento se encuentran asociadas con la mejor resolución de los problemas y con mejores funcionamientos en cuanto a las respuestas por evitación que se asocian con peores consecuencias. La resolución de una situación estresante está más asociada a la capacidad de implementar una estrategia de Revalorización Positiva, que al uso de una Búsqueda de Apoyo y Orientación o una de Evitación Cognitiva.

Esta última estrategia, especialmente característica de la baja confianza en sí mismo, y la de Descarga Emocional; están asociadas con síntomas depresivos y de enfermedad física (Moos y Billings, 1982).

La estrategia de Búsqueda de Orientación y Apoyo puede estar asociada con un funcionamiento personal deficitario debido a que, por sí sola, no es suficiente para enfrentar un problema, cuando esta respuesta de aproximación se acompaña de otras como la Revalorización Positiva o la Resolución de Problemas, es más probable que se obtengan efectos positivos. Otro aporte importante es el resultado de los estudios longitudinales realizados en plazos de dos a diez años que ha permitido demostrar que, a pesar de que las respuestas de afrontamiento son específicas para la situación; parecen reflejar un aspecto de las tendencias personales que se mantienen constantes y que se refieren al funcionamiento de una persona a lo largo de su vida (Finney y Moos, 1992).

En la mayoría de los estudios realizados se rescata el valor fundamental de las intervenciones al promover el afrontamiento activo más que la aceptación pasiva de una enfermedad o problema.

El objetivo más apropiado en una intervención cuando se privilegia el objetivo estrategias de afrontamiento es el trabajar sobre las respuestas de evitación, porque constituyen un factor de riesgo que empobrece los efectos de una recuperación. Es que el uso de respuestas de evitación frente a estresores vitales es un factor de riesgo que predice distrés y desadaptación tanto en adultos individuales como en sus familias (Hollahan y Moos, 1987). En cambio, los recursos sociales y personales como la confianza en sí mismo, el optimismo y el apoyo familiar; están asociados con estrategias de aproximación, y éstas a su vez están asociadas con un bienestar personal estable (Hollahan y Moos, 1990).

La conceptualización del afrontamiento que se ha presentado, en la actualidad está ampliándose a partir del movimiento de la Psicología Positiva

(Schwarzer y Knoll, 2003). Desde este enfoque, el afrontamiento puede darse como respuesta a un evento o como una anticipación que el sujeto realiza de posibles demandas futuras, pero también incluye un acercamiento proactivo del sujeto hacia desafíos y objetivos autoimpuestos. De acuerdo con Schwarzer y Knoll (2003), constituye una perspectiva teórica innovadora que enfatiza el afrontamiento positivo y amplía el enfoque de Lazarus y Folkman (1986).

La perspectiva del afrontamiento positivo diferencia cuatro tipos de afrontamiento: reactivo, anticipatorio, preventivo y proactivo. Cada uno de los ellos orienta al sujeto en el manejo de eventos del pasado, del presente y del futuro. Esta perspectiva permite incluir dos nuevas variables que influyen en el afrontamiento: la dimensión temporal de la demanda (es decir cuándo sucede, sucedió o sucederá el hecho) y la certeza subjetiva acerca del evento. Así se determinan las cuatro perspectivas antes enunciadas que se presentan a continuación:

1. *Afrontamiento Reactivo.*

   Este afrontamiento puede ser focalizado en el problema, en la emoción o en la relación social. Refiere a un daño o pérdida, experimentado en el pasado. Da cuenta de los esfuerzos realizados para manejar eventos estresantes pasados o presentes o para compensar o aceptar daño o pérdida. Por ejemplo: pérdida de trabajo, divorcio, ser criticado. Se trata de situaciones que han ocurrido en el pasado por lo tanto el sujeto tiene que compensar la pérdida o aliviar el daño. Otra opción sería reajustar sus objetivos, encontrar un beneficio o buscar nuevos significados.

2. *Afrontamiento Anticipatorio.*

   La función del afrontamiento puede dirigirse al problema actual y buscar aumentar los esfuerzos del sujeto, pedir ayuda o buscar otros recursos. Otra función, podría ser sentirse bien a pesar del riesgo redefiniendo la situación; como menos amenazante o a través de la búsqueda de la distracción u obteniendo reaseguramiento de los otros. Se diferencia fundamentalmente del tipo anterior porque el evento crítico aún no ha ocurrido. Implica un esfuerzo por manejarse con una amenaza pendiente. Los sujetos se enfrentan con un acontecimiento crítico sobre el que tienen certeza de que ocurrirá en el futuro cercano, por ejemplo, un examen, una promoción etc. Hay un riesgo de que el suceso en cuestión pueda causar daño o pérdida y el sujeto debe manejar ese riesgo que percibe. La situación puede ser evaluada como amenazante, desafiante, beneficiosa o como pudiendo implicar en parte cada una de esas posibilidades.

3. *Afrontamiento Preventivo.*
   El fin de este tipo de afrontamiento es construir recursos generales de resistencia, que ayuden a minimizar la severidad del impacto del evento. Así, las consecuencias de los eventos estresantes, en caso de ocurrir, serían menos severas. En este caso se trata de una amenaza potencial incierta y en el futuro lejano. El sujeto se esfuerza por prepararse para afrontar eventos inciertos en el largo plazo, por ejemplo, pérdida de trabajo, enfermedad, pobreza etc. Es decir que se prepara para la ocurrencia de un evento no normativo, que es evaluado como más o menos amenazante. Esta percepción de ambigüedad estimula a un amplio abanico de respuestas de afrontamiento.
4. *Afrontamiento Proactivo.*
   En este caso se trata de un manejo de objetivos en lugar de manejo de riesgos. En este sentido, los sujetos no son reactivos sino proactivos, ya que inician un patrón constructivo de acción y crean oportunidades para el crecimiento. Al estrés se lo interpreta como arousal productivo y energía vital. Es el prototipo del afrontamiento positivo, porque no requiere ninguna evaluación negativa tal como amenaza, daño o pérdida. Los sujetos perciben las situaciones demandantes como desafíos personales.

Schwarzer y Knoll (2003) señalan que esta diferenciación entre cuatro perspectivas del afrontamiento otorga la ventaja de mover el foco desde las meras respuestas del sujeto frente a los eventos negativos, hacia un rango más amplio de riesgo y manejo de objetivos, que incluye la creación activa de oportunidades y la experiencia positiva del estrés. Por otro lado, la investigación actual sugiere que las fuentes de estrés cambian a lo largo de la vida, por lo tanto, el afrontamiento también debería cambiar para poder atender a nuevas y diferentes demandas.

Se considera que los aportes en relación con el estrés y el afrontamiento que surgen a partir del movimiento de la psicología positiva son valiosos porque permiten dirigir la atención hacia el rol que puede desempeñar el afrontamiento en el desarrollo de los sujetos.

Para realizar la exploración y análisis de las estrategias de afrontamiento al estrés de los futuros profesores que atraviesan las prácticas docentes se han incluido en este marco teórico, todos aquellos modelos o enfoques que resultan pertinentes para comprender dicho proceso.

Afrontamiento de las Prácticas Docentes

Ser profesor es una profesión que requiere un aprendizaje reflexivo (Schön, 1983) para obtener resultados que se plasmen en la práctica profesional. Es necesario aprender a ser profesor, de la misma manera que es necesario aprender otras profesiones. Los mejores resultados en cualquier profesión se logran con aprendizaje explícito y la ayuda más o menos directa de otros profesionales. Pero para enseñar no alcanza con el conocimiento disciplinar. Los profesores deben adquirir, además, una buena fundamentación teórica de cómo se producen los procesos de aprendizaje.

Las situaciones complejas que nos plantean las prácticas de enseñanza requieren algo más que la aplicación mecánica de la teoría. Las prácticas plantean zonas de incertidumbre, demandan conocimientos formales complejos que no se pueden adquirir sólo por imitación. No es posible recetar. Requiere de actitudes de autonomía y compromiso y de prácticos que sepan dialogar con las situaciones. Para ello hay que generar las condiciones para que el práctico desarrolle un pensamiento complejo y una actitud de compromiso.

Souto (2011) analiza las prácticas docentes, desde la teoría de la complejidad, considerando a las residencias o tiempo de prácticas docentes como espacios de múltiple formación. Se trata de situaciones de formación pre-profesional, organizadas en la universidad o en los institutos de formación (terciarios) y que se realizan tanto en la institución formadora como en las escuelas.

Según la autora, las prácticas son un dispositivo pedagógico de la formación, un lugar y un tiempo pensados para formar, en la práctica, a los futuros docentes. Es formación y no enseñanza, de carácter preprofesional, en tanto anticipa un rol propio de la profesión y prepara para su desempeño, en situaciones cuidadas, supervisadas, preparadas para ese fin, las que, aunque aproximan a la realidad profesional, no lo son aún. La formación en residencia adquiere rasgos peculiares en tanto se trata de aprendizajes en la práctica y requiere de un espacio interinstitucional que se crea entre la institución de formación y las escuelas donde los estudiantes practican. El sentido de pasaje, de no lugar con características singulares, hace a la labilidad de la situación del residente y es un rasgo central en la residencia.

Los futuros profesores deben desarrollar según Toledo (2005) competencias docentes, entendidas como la capacidad de los sujetos para movilizar y organizar sus recursos cognitivos y afectivos para hacer frente a una situación. Las competencias que debería adquirir los docentes serán la resultante de la integración, de la dinamización y de la disposición de un conjunto de capacidades y habilidades (de orden cognitivo, afectivo, psicomotor o social) y de conocimientos (conocimientos declarativos) utilizados de manera eficaz, en situaciones que tienen un carácter común (Lasnier, 2000).

Las competencias docentes implican el conjunto de las competencias didácticas, las evaluativas y las metacognitivas (Toledo, 2005).

Las competencias didácticas refieren a la habilidad del docente para establecer una relación de enseñanza; implica la construcción de un conjunto de relaciones sociales entre él y sus estudiantes, en la perspectiva de una acción delimitada en un encuadre espacio temporal académico determinado, y cuya finalidad es provocar cambios en ellos.

Las competencias evaluativas están relacionadas con habilidad del docente para verificar el progreso de los alumnos. Implica el buen uso del saber y del saber hacer en situaciones dadas, saber intervenir, buscando los indicadores que expresen que el sujeto ha logrado los objetivos educacionales.

Las competencias metacognitivas remiten a la capacidad de la persona para preguntarse acerca de sus procesos cognitivos, para planificarlos, para evaluarlos antes, durante y después de la realización de una tarea, así como reajustar sus acciones cuando esto sea necesario. Le permite continuar aprendiendo y facilita estrategias para hacerlo.

Sin embargo pueden presentarse dificultades en tres ámbitos.

En primer lugar en el *ámbito de la enseñanza*, cuando tiene que realizar la planificación de las clases, la gestión del tiempo en las clases es un aspecto que también exige un considerable esfuerzo por parte del docente novel, la planificación de los tiempos dedicados a diferentes tareas dentro de una clase y la preparación de contenidos adicionales para cubrir los posibles huecos que puedan aparecer, la elección de la metodología a utilizar, la inseguridad y falta de experiencia, entre otros.

En segundo lugar en el *ámbito de las relaciones interpersonales*, en tanto el profesorado principiante suele estar formado por personas jóvenes, de manera que no suele existir una diferencia de edad importante entre el profesor y los alumnos. A pesar de que esto debería facilitar las relaciones interpersonales, en ocasiones este hecho deriva en una dificultad por parte del profesor principiante en adoptar el papel de docente, y en una percepción por parte del alumno de esta falta de confianza, en ocasiones a partir del lenguaje no verbal del profesor. Por otro lado, la resolución de preguntas inesperadas y/o problemas surgidos en clase suele ser difícil para el profesor novel. Atender adecuadamente las preguntas inesperadas estableciendo mecanismos participativos no siempre es fácil de llevar a cabo para un profesor carente de experiencia. La actitud del profesor en el aula es crucial. Mantener una actitud calmada y sosegada, utilizando un lenguaje y tono de voz que sean adecuados, es indispensable si se desea que los alumnos perciban el dominio de la materia que se expone.

Por último, también en el *ámbito de la gestión*, debido a que el docente principiante se limita a trabajar dentro de una estructura ya establecida, siguiendo unas pautas predeterminadas que supone persiguen el bien común.

Al revisar lo enunciado es necesario remarcar que la actitud con la que el profesor novel afronta por primera vez su actividad docente es, por norma general, de interés y motivación.

Los inconvenientes a los que se enfrenta suelen derivarse de su falta de formación pedagógica y experiencia docente. La inseguridad que ello le produce obstaculiza su capacidad de comunicación y de transmisión de conocimientos. Sus recursos se ven limitados por el desconocimiento de las mejores técnicas docentes que le permitan motivar al alumno y mantener su atención. La planificación de los contenidos y actividades de las clases, la resolución de situaciones inesperadas en clase son facetas en las se deben incrementar los esfuerzos en la formación de los docentes. El desconocimiento de la institución educativa imposibilita al docente el cambio o mejora dentro de la misma. De esta forma, la actividad de gestión y administrativa puede ser demasiado absorbente para aquél que desconoce los mecanismos apropiados (Fondón, Madero y Sarmiento, 2010).

Una de las principales cualidades del profesor principiante a la hora de sobreponerse a las dificultades expuestas es, su afán de superación, que le lleva a aprender por sí mismo e intentar mejorar la forma de compartir sus conocimientos con una gran capacidad de innovación. El gran interés y motivación en los futuros profesores suple la falta de experiencia y lleva a que el propio docente busque la forma de mejorar su labor docente por sí mismo. Sin embargo, existe el peligro de no encontrar los mecanismos adecuados o caer en la desmotivación si la respuesta del alumnado no es la deseada (Fondón, Madero y Sarmiento, 2010). Se requiere entonces promover el desarrollo de la capacidad de aprender de los estudiantes practicantes; de tal forma que se asuma la práctica como una oportunidad, una forma de desarrollo personal y profesional en su quehacer docente (Escobar, 2007).

Para resolver algunas de estas dificultades aparece la figura del tutor de prácticas para brindar el andamiaje que posibilite afrontar las prácticas de enseñanza.

CAPÍTULO 2

Competencias Socioemocionales

En los últimos años ha adquirido relevancia el interés por conceptualizar el término competencia en el marco de profundos cambios en los modelos de enseñanza y aprendizaje y en la formación profesional actual. Se propone la evaluación por competencias como una alternativa para superar las limitaciones de los tests de inteligencia y aptitud tradicionales que no resultan buenos predictores de éxito laboral futuro ni de logros importantes en la vida de las personas.

El enfoque basado en la competencia ha significado un avance en el sentido de poner mayor énfasis en la globalidad de las capacidades del individuo y de reconstruir los contenidos de la formación con una lógica menos académica y más orientada a la solución de problemas, incluyendo los contenidos procedimentales —saber hacer— y actitudinales —saber ser—.

El interés creciente por el concepto de competencia ha promovido que se extendiera su campo de investigación y aplicación más allá del ámbito educativo-profesional, considerando una visión más integral que incorpore todas las áreas de la vida de un sujeto, incluyendo los aspectos emocionales e interpersonales.

Concepto de competencias

La adquisición de competencias es un proceso complejo, que admite diversas interpretaciones y matices. Según Le Boterf (2001) en el campo del desarrollo y formación de competencias, la formación no puede consistir solamente en aprobar asignaturas tal y como se plantean en las instituciones educativas. Es necesario integrar conocimientos experienciales y prácticas.

El enfoque de la formación basada en la competencia ha significado un paso adelante en el sentido de poner mayor énfasis en la globalidad de las capacidades del individuo y de reconstruir los contenidos de la formación en una lógica más productiva, menos académica, y más orientada a la solución de problemas. Le Boterf (1994) explicita que la competencia resulta de un saber actuar, pero que requiere para su construcción el poder y querer actuar.

Señala que *"... es un saber actuar validado que implica saber movilizar, saber combinar, saber transferir recursos como conocimientos y capacidades individuales y de red en una situación profesional compleja y con vistas a una finalidad."* (Le Boterf, 2001).

Spencer y Spencer (1993) establecen que el concepto de competencia puede incluir:

1. *Motivos:* causa de las acciones, lo que hace que se dirija y seleccione una conducta hacia una determinada meta.
2. *Rasgos:* modos consistentes de respuestas ante determinadas situaciones.
3. *Autoconcepto:* autoimagen, actitudes y valores.
4. *Conocimiento:* dominio de los contenidos de las áreas.
5. *Habilidades:* destrezas para realizar una actividad física o intelectual determinada, por ejemplo, las habilidades cognitivas incluyen el pensamiento analítico (procesamiento de la información, determinación de causa y efecto, planificación) y pensamiento conceptual (reconocimiento de patrones en información compleja).

Según Echeverría (2005) la competencia discrimina el saber necesario para afrontar determinadas situaciones y ser capaz de enfrentarse a las mismas. Es decir, saber movilizar conocimientos y cualidades, para hacer frente a los problemas derivados del ejercicio de la profesión.

Si bien la competencia puede ser definida tanto desde el mundo del trabajo como desde el mundo de la educación, existe acuerdo en relación a que refiere a un conjunto de capacidades ligadas al desempeño profesional en tanto está absolutamente ligada o contextualizada a una determinada práctica, a un problema a resolver (lo que constituye un problema respecto de su transversalidad y transferibilidad). Está claro que no se trata de una mera suma de capacidades, sino que integra un saber estructurado y construido que propicia el desarrollo del capital de recursos disponibles, los cuales permiten el desempeño profesional y la consecución de las actividades o tareas esperadas (Blanco, 2009).

Malpica (1996) adhiere a una noción de competencias en la que se privilegia el desempeño entendido como la expresión de los recursos que pone en juego un sujeto cuando lleva a cabo una actividad (en sentido amplio), y pone énfasis en el uso o manejo que el sujeto debe hacer de lo que sabe, no sólo en términos de conocimientos, sino sus capacidades para el afrontamiento de situaciones, y actitudes en un marco contextual en el que el desempeño es relevante para la profesión.

Lejos de tratarse de una suma de componentes la noción expresa un carácter de unidad, de totalidad (González, 2007). Esto lleva a las instituciones educativas a reconsiderar lo que se han considerado habitualmente como formación.

Resulta así que para determinar si un individuo es competente o no lo es, deben considerarse las condiciones reales en las que el desempeño tiene sentido, en lugar de cumplir con las formalidades de una serie de objetivos de aprendizaje, que en ocasiones, no tienen relación con el contexto y sus demandas concretas.

Las dos propuestas más innovadoras respecto de la educación por competencias surgen en Europa, primero el Proyecto Tuning en el año 2000, impulsado por la Unión Europea y posteriormente el Proyecto DeSeCo (Definición y Selección de Competencias) (DeSeCo, 2000 y 2005), que promueve la Organización para la Cooperación y el Desarrollo Económicos (OCDE).

Crítica al concepto de "competencias"

El concepto de competencia tiene un carácter polisémico y sus orígenes se sitúan en la psicología conductista y en la teoría del capital humano.

En el ámbito nacional, Carlos Cullen (2009) explicita que las competencias ponen en el capital humano un valor de mercancía, que reside en las competencias mismas como brotando de ellas, haciendo abstracción de las determinaciones sociales y culturales de los sujetos, prescindiendo de la densidad histórica de los saberes y convirtiendo el valor–sujeto en valor–de cambio.

Este autor señala que en Educación el viraje producido en los objetivos como conductas observables, resultados medibles hacia las competencias, tiene que ver con el paso de un modelo tecnocrático a un modelo de capital disponible o de capacidades a la mano o de resolución de problemas.

Para él, las competencias apuntan más a lo que un sujeto puede hacer que a lo que hace efectivamente y más a su empleabilidad para la producción y el consumo que para su inserción crítica, participativa y trasformadora de la realidad social. Y el supuesto es que un sujeto puede hacer más en un mundo complejo, globalizado y competitivo, cuanto más descontextualizados e irreflexivos sean sus saberes, para poder aplicarlos a cualquier situación, tanto espacial como temporal, que exija respuestas.

Propone realizar un análisis que hace un recorrido desde una educación enciclopedista, pasando por una educación tecnocrática hasta una educación por competencias.

En el modelo enciclopedista los contenidos que se enseñan tienen potencialmente una fuerza poiética o técnica y práctica, en el sentido que pueden aportar a lograr el progreso material y moral de la humanidad. Son en si válidos porque son el producto de haber aprendido a disciplinar el uso de la razón, recorrido el camino de la ciencia y haberse despojado de prejuicios, saberes previos y finalidades inmediatas. Se postula la objetividad del conocimiento, la rectitud de las acciones y el gusto de la creación.

En el modelo tecnocrático se sospecha del poder del conocimiento dejado a sí mismo y se busca poner el acento en los objetivos necesarios, desde un planeamiento controlable y evaluable de conductas, lo técnico se separa de lo cognitivo y se busca reducir lo práctico al control de conductas. Lo nodal el lograr objetivos, cambiar conductas, cumplir planificaciones y producir efectos.

La enseñanza por competencias implica centrarse más en los sujetos que representan el capital humano que en los conocimientos o en las conductas. Pero, como señala Cullen (2009), son los sujetos en cuanto capaces, hábiles, preparados para hacer uso de los conocimientos en una diversidad de situaciones que aparezcan como problemáticas. Y por eso mismo son sujetos que se saben valiosos, porque saben resolver situaciones y ganan autoestima y responsabilidad.

El autor no pone en duda que importan las competencias más que los saberes aislados o las conductas controladas. Señala que en esta ganancia que genera la noción de competencias se pueden visualizar algunas falacias: La primera es confundir conocimiento con información y esta con valor de cambio, en tanto no es lo mismo estar informado que conocer; la segunda referida a confundir la potencia de actuar con capacidad de resolver problemas dados, en tanto actuar es transformar y abrir alternativas y la tercera confundir el dejarse interpelar por la alteridad en cuanto tal con la mera tolerancia de la diversidad o diferencia y esta tolerancia con un pluralismo que al incluir excluye y discrimina.

Continúa afirmando el mismo autor que la sospecha más fuerte es que las competencias pueden ser una estrategia poderosa para quitar potencia al saber de aquello que lo justifica, es decir, lo hace justo, la responsabilidad ante la interpelación del otro en cuanto otro, es decir, la justicia. Por ello resulta esencial no separar las competencias de saberes socialmente productivos, políticamente emancipadores y culturalmente inclusivos, de mayor justicia, en tanto el problema que insiste es la interpelación del otro en cuanto otro, el rostro del otro, que es el excluido de la sociedad del conocimiento, pero que es de la información como valor de cambio y de la aparente necesidad de competitividad, que es excluyente y jerárquica (Cullen, 2009, p.121).

Las competencias y las emociones

Bisquerra Alzina y Pérez Escoda (2007) proponen una definición más amplia e integral del concepto de competencia, en tanto capacidad de movilizar adecuadamente el conjunto de conocimientos, capacidades, habilidades y actitudes necesarias para realizar actividades diversas con un cierto nivel de calidad y eficacia. Estos autores destacan las siguientes características de la noción de competencia:

- Es aplicable a las personas (individualmente o de forma grupal).
- Implica unos conocimientos "saberes", unas habilidades "saber-hacer", y unas actitudes y conductas "saber estar" y "saber ser" integrados entre sí.
- Incluye las capacidades informales y de procedimiento además de las formales.
- Es indisociable de la noción de desarrollo y de aprendizaje continuo, unido a la experiencia.
- Constituye un capital o potencial de actuación vinculado a la capacidad de movilizarse o ponerse en acción.
- Se inscribe en un contexto determinado que posee unos referentes de eficacia y que cuestiona su transferibilidad (Bisquerra Alzina y Pérez Escoda, 1997).

Estos autores buscan superar el concepto de competencias técnico-profesionales, vinculadas únicamente al "saber" y al "saber hacer" dentro de un ámbito educativo y profesional específico, reemplazándolo por el más amplio e integral de competencias emocionales o socioemocionales.

Bisquerra Alzina (2003) define a las competencias socioemocionales como el conjunto de conocimientos, capacidades, habilidades y actitudes necesarias para comprender, expresar y regular de forma apropiada los fenómenos emocionales.

Se ha estudiado a las competencias socioemocionales en relación con el constructo "Inteligencia Emocional" (IE). Bar-On (2000) reconoce ambos conceptos casi como sinónimos y definen a las competencias como la habilidad o capacidad de un individuo para actuar de un modo emocional y socialmente inteligente.

Así las competencias socioemocionales han ocupado un lugar nodal en aquellos modelos de Inteligencia Emocional que la consideran como una habilidad, tal como el propuesto por Salovey y Mayer (Mayer, DiPaolo y

Salovey, 1990; Salovey y Mayer, 1990). Ellos definen la IE como la capacidad de controlar y regular los sentimientos de uno mismo y de los demás, y utilizarlos como guía del pensamiento y la acción (Mayer y Salovey, 1997; Mayer, Salovey y Caruso, 2008).

Salovey y Sluyter (1997) distinguen 4 capacidades específicas dentro de la IE global:

1. la capacidad para percibir, valorar y expresar emociones con exactitud;
2. la capacidad para acceder y/o generar sentimientos que faciliten el pensamiento;
3. la capacidad para comprender emociones y el conocimiento emocional; y
4. la capacidad para regular las emociones promoviendo un crecimiento emocional e intelectual.

Bisquerra Alzina y Pérez Escoda (2007) diferencian el concepto de competencia socioemocional del de Inteligencia Emocional. Consideran que el segundo es un constructo teórico mientras que la competencia socioemocional es un concepto más práctico que pone el acento en la interacción entre persona y ambiente, y como consecuencia da más peso al aprendizaje y desarrollo.

Tipos de competencias socioemocionales

Los investigadores definen, identifican y reconocen variadas competencias socioemocionales. Asimismo, también difieren, según autor y/o modelo teórico, las capacidades o habilidades específicas que son consideradas dentro de la categoría más general de competencias socioemocionales.

De una revisión exhaustiva de la literatura internacional en el tema, se pudieron identificar nueve competencias que son reconocidas e incluidas por la mayoría de los autores dentro del conjunto de competencias socioemocionales básicas:

1. *Conciencia de las Emociones*: Salovey y Mayer, 1990, Bar-On, 1997, Bisquerra, 2000, Saarni, 2000, Graczyk, Matjasko, Weisberg, Greenberg y Zins, 2000, Repetto Talavera y Pena Garrido, 2010;

2. *Regulación Emocional*: Salovey y Mayer, 1990, Bisquerra, 2000, Saarni, 2000, Graczyk et al., 2000, Repetto Talavera y Pena Garrido, 2010;
3. *Empatía*: Bar-On, 1997, Saarni, 2000, Graczyk et al., 2000, Repetto Talavera y Pena Garrido, 2010;
4. *Comunicación Emocional Expresiva*: Salovey y Mayer, 1990, Bisquerra, 2000, Saarni, 2000, Graczyk et al., 2000;
5. *Autoeficacia*: Bisquerra, 2000, Graczyk et al., 2000;
6. *Autonomía*: Bar-On, 1997;
7. *Comportamiento Prosocial*: Bisquerra, 2000, Graczyk et al., 2000;
8. *Asertividad*: Bar-On, 1997, Bisquerra, 2000, Graczyk et al., 2000, Repetto Talavera y Pena Garrido, 2010; y
9. *Optimismo*: Bar-On, 1997; Goleman, 1999; Boyatzis, 2007.

A continuación, se describen las nueve competencias socioemocionales básicas:

1. Conciencia de las emociones.

   Se trata del conocimiento emocional, por medio del cual comprendemos, sustantivamos y etiquetamos las emociones. Implica prestar atención y decodificar con precisión las señales emocionales de la expresión facial, movimientos corporales y tono de voz (Salovey y Mayer, 1990).

2. Regulación emocional.

   Puede definirse como toda estrategia dirigida a mantener, aumentar o suprimir un estado afectivo en curso (Gross, 1999).

   Dentro de la regulación emocional se incluyen las actividades de autocontrol junto con conductas de autorregulación en la que se incluirían el auto-reconfortarse o tranquilizarse a uno mismo, el control emocional, la relajación y la expresión emocional (Skinner, Edge, Altman, y Sherwood 2003).

3. Empatía.

   Es la reacción emocional producida por y congruentemente con el estado emocional del otro (Eisenberg y Miller, 1987), que implica la toma de perspectiva como dimensión cognitiva y la simpatía o preocupación empática como dimensión afectiva. La toma de perspectiva hace referencia a la capacidad cognitiva de ponerse en el lugar del otro (perspective-taking), mientras que la preocupación empática (empathic concern) o simpatía implica la capacidad emocional de sentir con el otro e implicarse de forma vicaria. (Eisenberg, 1991).

4. Comunicación emocional expresiva.

   Es la capacidad para iniciar y mantener conversaciones, expresar los propios pensamientos y sentimientos con claridad, tanto en comunicación verbal como no verbal, y demostrar a los demás que han sido bien comprendidos¨ (Fernández Berrocal y Perez Díaz, 2003)

5. Autoeficacia.

   La autoeficacia significa que el individuo cree que tiene la capacidad y las habilidades para lograr los objetivos deseados. Para que haya autoeficacia se requiere conocimiento de las propias emociones y capacidad para regularlas hacia los resultados deseados y estos están en función de los principios morales que uno tiene (Saarni, 2000, p. 68).

6. Autonomía.

   Capacidad de sentir, pensar y tomar decisiones por sí mismo. La persona que tiene autonomía emocional se constituye en su propia "autoridad de referencia". (Bisquerra Alzina y Pérez Escoda, 2007). La autonomía emocional se sitúa en un punto de equilibrio equidistante entre la dependencia emocional y la desvinculación afectiva. Estaría en la zona de vinculación, pero vinculación saludable.

7. Comportamiento prosocial.

   La conducta prosocial se refiere a acciones voluntarias realizadas para beneficio de otros, como compartir, donar, cuidar, confortar, y ayudar (Batson, 1998; Eisenberg, Fabes y Spinrad, 2006; Penner, Dovidio, Piliavin y Schroeder, 2005).

8. Asertividad.

Aquella conducta que permite a la persona expresar adecuadamente oposición (decir no, expresar desacuerdos, hacer y recibir críticas, defender derechos y expresar en general sentimientos negativos) y afecto (dar y recibir elogios, expresar sentimientos positivos en general) de acuerdo con sus intereses y objetivos, respetando el derecho de los otros e intentando alcanzar la meta propuesta (Riso,1988). Riso (2000) explica que una persona es asertiva cuando tiene la capacidad de ejercer o defender sus derechos personales; por ejemplo, decir "no", expresar opiniones contrarias o desacuerdos y manifestar sentimientos negativos sin permitir que la manipulen, como lo hace la persona sumisa, ni violar los derechos de otras personas, como lo hace la agresiva.

9. Optimismo.

   Habilidad para buscar y mirar el lado positivo sobre la vida y para mantener una actitud positiva incluso en las situaciones adversas (Bar-On, 1997).

Competencias socioemocionales de los docentes en sus prácticas de enseñanza

El contexto educativo es un escaparate ideal para observar diferencias individuales en la forma de experimentar, percibir y expresar emociones (Fernández Berrocal, 2014). El rol que tienen las emociones y la afectividad en los espacios de enseñanza y de aprendizaje es muy importante en la actualidad. Se observa un gran interés, por parte de los diferentes profesionales que integran el sistema educativo, por la valoración asignada a la educación emocional para el logro de la educación integral de los estudiantes (Palomera, Fernández Berrocal y Brackett, 2008).

Es posible señalar que se comienza a tener una mayor conciencia de la trascendencia de la afectividad que acompaña toda relación humana, alcanzando ésta el ámbito educativo. Por ello resulta sustancial considerarla como un factor que favorecería las acciones educativas. Esta aproximación lleva hoy a la necesidad de promover no solo el desarrollo académico de los estudiantes, sino también el desarrollo de competencias socioemocionales que contribuyan a su realización personal (Maturana, 2006; Casassus, 2009).

Las personas pueden aprender a ser más conscientes de sus procesos emocionales y a razonar y comprender de manera inteligente sus emociones. Para que eso acontezca es necesario que esas habilidades se pongan en práctica (Ruiz Aranda, Cabello González, Salguero Noguera, Palomera Martín, Extremera Pacheco y Fernández Berrocal, 2014).

La Fundación Botín en España realiza estudios sobre Educación Emocional y Social desde el año 2007 y eso los llevó a investigar prácticas educativas innovadoras en dieciséis países. Esta fundación proporciona recursos y técnicas para facilitar el aprendizaje cognitivo y socioemocional de los alumnos y contribuye a la alfabetización de estas capacidades en el profesorado (Cabello, Ruiz Aranda y Fernández Berrocal, 2010).

A lo largo de esos estudios han encontrado factores humanos comunes que se muestran en multitud de formas y que dependen de factores locales complejos, influencias e interacciones culturales, ideales, valor y conciencia individual. Los resultados de estas investigaciones se han dado a conocer mediante la difusión de experiencias educativas significativas acontecidas en dichos países y publicadas en diferentes informes en 2008, 2011, 2013 y 2015. En la actualidad es posible afirmar que la inteligencia emocional y social y el desarrollo de la creatividad es una realidad en las aulas españolas; al menos en las de los 150 centros de 6 Comunidades Autónomas (Cantabria, Madrid, La Rioja, Navarra, Galicia y Murcia) en las que el programa Educación Responsable de la Fundación Botín se lleva a cabo.

En esos lugares los docentes se forman en el desarrollo de su propia inteligencia emocional y social; y aprenden técnicas y metodologías para trasladarlas a sus aulas, mientras que los estudiantes disfrutan de su aprendizaje al tiempo que profundizan en el conocimiento de sí mismos y de los demás, toman decisiones de forma responsable, resuelven conflictos de forma creativa y desarrollan la capacidad crítica.

Al mismo tiempo, las familias participan activamente del proceso educativo desde sus casas, en tanto cantan canciones, leen cuentos, juegan y disfrutan del enorme potencial de las artes y de lo facilitador que resulta relacionarse desde la emoción.

En los Centros Educativos las artes tienen también un lugar importante, junto a las matemáticas o la física, porque consideran que la música, la plástica y la literatura les ayuda a ser mejores personas, más capaces de afrontar los retos que la vida diaria les plantea aquí y ahora y en el futuro.

Algunas propuestas de abordaje a las competencias socioemocionales

En España, en el marco de esta perspectiva, nació el Programa INTEMO, como un proyecto de educación emocional basado en el modelo teórico de inteligencia emocional de Mayer y Salovey (1997).

Este programa de entrenamiento para jóvenes se centra en el aprendizaje de habilidades emocionales, tratándose de un programa eminentemente práctico, en el que se adaptan los ejemplos y las actividades a la edad de los participantes, para que pueda utilizarse con adolescentes entre 12 y 18 años.

Las actividades del Programa INTEMO (Guía para mejorar la inteligencia emocional de los adolescentes) están estructuradas según las cuatro ramas del modelo teórico de Inteligencia Emocional de los profesores John Mayer y Peter Salovey: percepción y expresión, facilitación, comprensión y regulación emocional.

La obra consta de una sesión introductoria, doce sesiones de actividades y una guía de evaluación de las habilidades aprendidas. De este modo, a lo largo de las sesiones, y mediante sencillos ejercicios prácticos, los jóvenes desarrollarán estas habilidades emocionales para convertirlas en una herramienta esencial de su vida académica y personal. Los resultados empíricos de su aplicación han mostrado efectos positivos a medio y largo plazo en ámbitos tan diferentes como la salud mental, la agresividad o la empatía de los adolescentes.

Una investigación realizada en Chile por Filella Guiu, Pérez Escoda, Agulló Morera y Oriol Granado (2014), da cuenta de los resultados de un programa de educación emocional para niños de escolarización primaria. Se buscó conocer el impacto del programa en el desarrollo de las cinco dimensiones de la competencia emocional: conciencia emocional, regulación emocional, autonomía emocional, competencia social y competencias para la vida y el bienestar (Bisquerra y Pérez, 2007). Se utilizó un diseño cuasi-experimental con dos grupos pretest-postest, con grupo control. Los resultados obtenidos, sobre una muestra de 423 niños/as con edades comprendidas entre los 6 y 12 años, muestran un aumento significativo de las puntuaciones respecto a las competencias emocionales después de la intervención.

Durlak, Weissberg, Dymnicki, Taylor y Schellinger (2011) presentaron los hallazgos de un metaanálisis de 213 programas de aprendizaje social y emocional universal (SEL) basados en la escuela que involucran a 270,034 estudiantes desde el nivel inicial hasta la secundaria.

En comparación con los controles, los participantes de SEL demostraron habilidades sociales y emocionales, actitudes, comportamiento y rendimiento académico significativamente mejorados que reflejaban un aumento de 11 puntos porcentuales en el rendimiento. El personal docente de la escuela condujo con éxito los programas SEL. El uso de 4 prácticas recomendadas para desarrollar habilidades y la presencia de problemas de implementación moderaron los resultados del programa. Los hallazgos se suman a la creciente evidencia empírica sobre el impacto positivo de los programas SEL. Los responsables de la formulación de políticas, los educadores y el público pueden contribuir al desarrollo saludable de los niños mediante el apoyo a la incorporación de la programación SEL basada en la evidencia en la práctica educativa estándar.

Un relevamiento interesante realizado en la Argentina sobre Instituciones educativas que en Argentina trabajan con Programas de Educación Emocional es el realizado por Mikulic (2013). Allí se explicita que como en muchos otros países, tradicionalmente, las emociones poco se han tenido en cuenta como procesos relevantes del desarrollo, de forma especial en el espacio educativo, donde los aspectos intelectuales y cognitivos han absorbido, casi de manera exclusiva, toda la atención. Sin embargo, en las últimas décadas, se comienza a detectar el incipiente interés de quienes preocupados por brindar lo mejor de sí en el ámbito educativo argentino se animan a pensar en términos de educación emocional y social.

En Buenos Aires, el Colegio Washington School ha implementado en sus tres niveles de educación el Programa de Educación Emocional (PEE), diseñado por el Equipo de Orientación Psicopedagógica junto con el Equipo

Directivo. El Programa contempla la capacitación constante de docentes y tutores, el trabajo con los alumnos, teniendo en cuenta su etapa evolutiva y la creación de un espacio de encuentro y reflexión para las familias.

El Equipo de Orientación Psicopedagógica que diseñó el Programa está conformado por profesionales de la salud trabajan en forma conjunta con el Equipo Directivo y docentes co-pensando la tarea pedagógica a fin de alcanzar el máximo desarrollo individual de los alumnos en un clima de aprendizaje saludable y respetuoso de los tiempos y abordajes individuales.

Este Programa añade a la jornada escolar un plan sistemático basado en cuatro ejes: Autoconciencia Emocional, Regulación y Gestión de las emociones, Empatía y Habilidades Sociales. El desarrollo de estas competencias emocionales dentro del ámbito escolar permite a los alumnos alcanzar mejores niveles de bienestar personal, relacionarse en forma positiva con sus pares y adultos e incrementar su rendimiento académico.

En la Provincia de Entre Ríos se aplicó el Programa denominado "Sin Afecto no se Aprende ni se Crece".

Está diseñado para fortalecer los recursos afectivos, cognitivos y lingüísticos. Comenzó a partir del año 2004, bajo la supervisión de investigadores del Centro Interdisciplinario de Investigaciones en Psicología Matemática y Experimental (CIPPME) dirigido por la Dra. Richaud de Minzi. Es un programa diseñado para atender las necesidades educacionales de niños en situación de riesgo psicosocial debido a factores contextuales.

Se basa en tres pilares fundamentales: los niños, los padres y los docentes.

Los niños de las dos escuelas públicas ubicadas en zonas de alta vulnerabilidad psicosocial participan de este Programa desde los cuatro años, y reciben una evaluación cognitiva, social y emocional. Estos niños demuestran altos niveles de repetición, desnutrición, padres desempleados, pobreza y serios problemas socioafectivos tales como violencia familiar y abusos infantiles.

El Programa ha sido incorporado en la currícula de la escuela e integra el trabajo conjunto del equipo de investigadores y de los maestros tanto dentro como fuera del aula, a través de encuentros extracurriculares que mejoran los recursos de los docentes a la hora de planificar las actividades dentro del aula durante el tiempo que el niño se encuentra en la escuela.

Otro ejemplo es el Programa Clima Emocional Positivo en el Aula (CEPA). El mismo ha sido desarrollado por la Lic. María Cecilia Marino, quien ofrece formación en educación emocional y social a maestras y otros profesionales de la educación y edita libros que tratan estos temas.

Marino ha diseñado un conjunto de herramientas para las maestras que pueden contar así con recursos que promueven un clima emocional positivo en las clases y responden a las necesidades específicas de niños comprendidos entre las edades de 5 y 9 años. Presenta dos tipos de materiales:

- los que se utilizan con toda la clase, y
- los que se utilizan individualmente.

El objetivo es lograr que las maestras desarrollen sus propios recursos potenciales especialmente en lo referido a sus habilidades personales, emocionales y comunicacionales.

Propone así diferentes acciones:

1. Promover habilidades metacognitivas para mejorar los procesos de enseñanza aprendizaje.
2. Colaborar en crear climas positivos que reduce conflictos y ayuda en el proceso de enseñanza-aprendizaje.
3. Dar a las maestras la oportunidad de reformular sus prácticas, reflexionar sobre sus prácticas y capacitarse profesionalmente.
4. Desarrollar la autoestima, la autonomía y el autoconocimiento de los niños para que puedan regular sus comportamientos.

Los ejemplos hasta aquí detallados reflejan avances y horizontes promisorios, pero aun dan cuenta de injustas desigualdades sociales, en tanto que muy pocas personas resultan beneficiadas por la inclusión en programas de Educación Emocional y Social en Argentina. Queda mucho por hacer frente a la necesidad de una nueva vinculación con el conocimiento, que replantee los estilos de enseñanza y los marcos en que los aprendizajes son posibles para dar respuestas desde la innovación y el desarrollo de nuevas estrategias pedagógicas (Mikulic, 2013).

La educación emocional es definida como un proceso educativo continuo, cuyo objeto central reside en potenciar el desarrollo emocional como complemento indispensable de los aspectos cognitivos ya que ambos elementos son esenciales para el desarrollo de la personalidad integral de la persona (Bisquerra, 2000).

Desde esta aproximación a la Educación, Argentina da sus primeros pasos apoyada en dos hechos concomitantes:

- La aparición de la Psicología Positiva como nueva manera de evaluar las fortalezas más que las patologías en el ámbito educativo,
- La inclusión del concepto de inteligencia emocional en los espacios educativos.

Los programas analizados anteriormente dan clara evidencia de la importancia de las competencias socioemocionales para el desarrollo integral de los estudiantes. Y han de ser desarrolladas a lo largo de la vida, tal como señalan las recomendaciones del Parlamento Europeo y del Consejo (2006), sobre las competencias clave para el aprendizaje permanente. Esto hace que cobre sentido hablar de la necesidad de las competencias socioemocionales para un desempeño profesional docente satisfactorio (Fernández, Domínguez, Palomero Pescador y Teruel Melero, 2009).

Hay autores como Zahonero y Martín (2012) que señalan que los aspectos afectivos son inherentes a la actividad docente y que el éxito del profesorado estará puesto en lograr que los estudiantes se desarrollen como personas integradas en la sociedad y cuenten con competencias socioemocionales que le posibiliten afrontar los retos que la vida ofrece, más allá del aprendizaje de conocimientos (Extremera Pacheco y Fernández Berrocal, 2004).

La formación inicial y continua de los docentes en competencias socioemocionales implica garantizar la promoción del bienestar y rendimiento laboral de los futuros profesores (Palomera, Fernández Berrocal y Brackett, 2008). Si los profesores tienen la capacidad de expresar desde el respeto las emociones podrán fomentar esto en sus estudiantes (Calderón, González, Salazar y Washburn, 2014).

Resulta nodal que los profesores puedan tener capacidad para producir y sostener emociones positivas, mitigar estados emocionales negativos y trabajar en pos de un mejor bienestar docente. Esto posibilitará que los estudiantes aprendan a construir, con los otros, relaciones de ejercicio de ciudadanía democrática y respetuosa. (Fernández Berrocal y Ruiz Aranda, 2008).

Es por ello muy interesante analizar las competencias profesionales docentes y en particular las competencias socioemocionales en profesores tutores y en futuros profesores.

Se establecen algunas competencias socioemocionales específicas que posibilitan que los docentes se encaucen hacia su formación integral y cuenten con estrategias para afrontar los retos que la educación presenta y las permanentes interacciones cotidianas cargadas de emociones desde una postura positiva, crítica y reflexiva (Fernández Domínguez, Palomero Pescador y Teruel Melero, 2009).

Ellas son:

- *Competencias socioemocionales relacionadas con el aprender a conocer (saber)*: implica desarrollar el autoconocimiento de las propias emociones y de las de los otros y la comprensión de las emociones en los comportamientos de los estudiantes del nivel superior.

- *Competencias socioemocionales relacionadas con el aprender a hacer (saber hacer):* están relacionadas con la capacidad de expresar las emociones, la autorregulación emocional y el equilibrio emocional, las habilidades y estrategias de afrontamiento para resolver problemas y conflictos interpersonales, la capacidad para la toma de decisiones y autorreflexión constante sobre la tarea educativa.

- *Competencias socioemocionales relacionadas con el aprender a convivir (saber estar):* remiten a la empatía, la capacidad de escucha, comunicación asertiva y habilidades sociales, capacidad para cooperar y trabajar en equipo y colaborar en el contexto.

- *Competencias socioemocionales relacionadas con el aprenderá ser (saber ser):* refiere al desarrollo de la autoestima, resiliencia, motivación, capacidad para afrontar cambios, tener valores y actitud positiva ante la vida.

Importancia de las competencias socioemocionales en la formación docente

Investigaciones realizadas en España avalan la necesidad de incluir dentro de los planes de formación inicial y permanente del profesorado la formación explicita en Inteligencia y Educación Emocionales para el desarrollo de competencias socioemocionales que posibiliten afrontar los retos de la educación en un mundo cambiante y complejo (Fernández Domínguez, Palomero Pescador y Teruel Melero, 2009 y Fernández Berrocal, 2004).

Las competencias socioemocionales son herramientas específicas para que los profesores puedan generar entornos apropiados de aprendizaje y colaboración para favorecer el desarrollo emocional de los estudiantes, para mejorar el bienestar personal y la eficacia docente, en tanto que resulta difícil enseñar si no se cuenta con ellos (Adame, De La Iglesia, Gotzens, Rodríguez y Sureda, 2011). Cuando no se sabe de qué manera reaccionar frente a situaciones, se pueden producir sensaciones de frustración, enojo y decepción en los docentes (Calderón, González, Salazar y Washburn, 2014).

La calidad de la educación está determinada por una adecuada formación del profesorado y por la capacidad de ejercer la función docente y tutorial para garantizar el desarrollo integral de los estudiantes (Giner y Puigardeu, 2008). Los profesores que desarrollen esas capacidades de reconocimiento, comprensión y regulación de las emociones contarán con más herramientas para educar a sus alumnos en esas habilidades y de contribuir a que el clima de aula sea más relajado y propicio para que se produzcan buenos aprendizajes, serán capaces de resolver conflictos con mayor facilidad y de dominar el estrés que les produzcan situaciones difíciles en el aula y en las instituciones educativas (Cabello, Ruiz Aranda y Fernández Berrocal, 2010).

Las competencias socioemocionales inciden en los profesores de tres maneras (Jones, Bouffard y Weissbourd, 2013):

En primer lugar, en la calidad de las relaciones entre maestros y alumnos. Los profesores que son buenos regulando sus emociones son más propensos a mostrar afectos positivos y sentirse profesionalmente satisfechos (Brackett y cols., 2010). Los docentes que son más calmados tratan a sus alumnos con mayor sensibilidad e incluso con los que son más conflictivos.

En segundo lugar, los profesores con habilidades socioemocionales son capaces de manejar situaciones frustrantes, mantener el control dentro del aula y de cambiar de táctica de comportamiento, en caso necesario.

En tercer lugar, los profesores con habilidades socioemocionales influyen positivamente en la organización y gestión de su aula, es decir, son capaces de mantener un ambiente tranquilo y calmado. Dichos entornos incluyen la gestión eficaz de los comportamientos y las acciones que conducen a la realización de prácticas que fomentan la creatividad, la libre elección de los estudiantes, su autonomía y su pensamiento reflexivo (Bodrova y Leong, 2006; Mashburn y cols., 2008).

Lo socioemocional resulta un componente ineludible para impactar en los alumnos y transformarlos, en los espacios educativos, para que logren un desarrollo pleno y contribuya con este nivel de desarrollo, a la sociedad (Casassus, 2009; Fernández-Berrocal, 2003).

En cuanto a las competencias socioemocionales personales en el ámbito educativo, según Zahonero y Martin (2012), son dos áreas las implicadas: las relativas a la relación con los demás y las relacionadas con la mejora personal.

Las primeras se refieren a aquellas relativas a la relación con los demás entre las que destacan, como cualidades indispensables para favorecer la comunicación, la empatía, facilitar el trabajo en equipo y la resolución de conflictos. En tanto a la mejora personal destacan el autoconocimiento, la autoestima, el autocontrol, la motivación, la creatividad, la capacidad para el cambio o para la toma de decisiones (Zahonero y Martin, 2012).

Como Delors (1994) enfatiza en su informe, el profesor, a través de su forma de estar con los alumnos, es transmisor de valores y actitudes. Para que un profesor pueda impactar a sus alumnos y dar una formación de calidad que implique lo anteriormente mencionado, necesariamente debe poseer competencias, y entre ellas las éticas destacan en primer orden para que de esta forma pueda darse el desarrollo integral que implica aspectos emocionales, morales y cognitivos en el alumno.

Las condiciones necesarias para sostener una práctica profesional docente de calidad se cimentan en el equilibrio emocional, el bienestar psicológico, la satisfacción y compromiso con la profesión (Zahonero y Martin, 2012).

Zabalza (2006) explicita que las actitudes, creencias y valores del docente, es decir, las diferentes facetas de su personalidad afectan a la enseñanza.

Si se considera que el acto educativo se da por presencia de dos actores fundamentales, educadores y educandos, se debe necesariamente considerar como los primeros influyen en los sentimientos y emociones de los segundos dentro de una situación cultural especifica (García Retana, 2012). En vista de lo anterior, resulta de gran responsabilidad el rol docente, estrechamente ligado a las propias competencias socioemocionales que debe tener y su nivel de autoconsciencia y predisposición, de su mundo emocional y comportamental, referido a su quehacer y a su compromiso, tanto personal como social.

Para que pueda darse la experiencia de aprendizaje integral en los alumnos es necesario que quien facilita este proceso, el profesor, desarrolle y cuide especialmente estos aspectos que forman parte de las competencias socioemocionales, porque como bien se ha mencionado, la relación entre los alumnos y su profesor es una relación humana donde subyacen vínculos afectivos, y que tiene repercusión con el clima emocional del aula afectando la calidad de sus aprendizajes (Casassus, 2007). Los alumnos en ocasiones tienden a reproducir lo que el maestro dice o hace como resultado de sus emociones, en cuanto a la actitud que asumen ante la vida como en el ámbito académico que imparte (García Retana, 2012), de ahí la responsabilidad que en él recae al tener que trabajar estos aspectos para saber afrontar toda clase de situaciones que se den en el ámbito educativo.

En palabras de García Retana (2012):

"La capacidad de identificar, comprender y regular las emociones es fundamental por parte de los y las profesores, debido a que tales habilidades influyen en los procesos de aprendizaje, en la salud física, mental y emocional de los y las educandos y son determinantes para establecer relaciones interpersonales positivas y constructivas con estos, posibilitando una elevación en su rendimiento académico."

Queda entendido entonces que para una educación al servicio del desarrollo humano las competencias socioemocionales son necesarias tanto para educadores como para educandos.

En relación con lo anteriormente mencionado, los docentes necesitarían contar con herramientas para un proceder eficaz, tanto para prevenir como para tratar situaciones que alteren la convivencia (Álvarez-García, Rodríguez, González Castro, Núñez y Álvarez, 2010).

Una oportunidad para el desarrollo de las competencias socioeducativas docentes se encuentra durante el período de formación docente —inicial o continua—, que presentan un momento fundamental para llevar a cabo no solo el aprendizaje disciplinar, el desarrollo de una perspectiva integral, favorecedora del crecimiento personal de académicos de educación superior como de futuros profesores (Zahonero y Martín, 2012).

Por todo ello la formación inicial necesitaría contemplar la formación no solo en calidad de conocimientos, sino que también trabaje una formación humanista para desarrollar comprensión del clima sociocultural de la educación y disposición en futuros docentes que puedan guiar y sostener a los educandos.

Mejorar la calidad de la formación inicial docente se torna fundamental para formar profesores de excelencia (Canedo, 2014) que compartan similitud de experiencias a sus educandos. Compartir estos saberes en la formación, los que el profesor tutor adquiere como destreza y que posteriormente revierte en la enseñanza, repercutirá en lo que el alumno integre como habilidades, actitudes y valores, que definirán la futura convivencia ciudadana.

CAPÍTULO 3

Formación Docente

LA FORMACIÓN DOCENTE, que es la transformación del sujeto docente para desempeños profesionales, pertenece como el sentido mismo al devenir, avanzar, cambiar. Tiene un lugar protagónico en la educación, como espacio de renovación y cambio, de creación de algo nuevo que propicie y sostenga transformaciones en las prácticas de enseñanza y a la vez como lazo intergeneracional con las tradiciones y prácticas instituidas históricamente que aseguran la continuidad cultural, social e institucional. Se ve atravesada por una tensión entre lo instituido y lo instituyente y constituye un territorio para la creación de significaciones sociohistóricas.

Acerca de la Formación Docente

Hablar de formación docente pareciera sugerir desde el sentido común que hay, al menos "alguien que forma" y al menos otro "que es formado". Al respecto Marta Souto (2017) afirma que la formación es experiencia de vida, es una transformación que se realiza, un camino que se va haciendo desde que nacemos donde nuestra subjetividad va tomando formas cambiantes. Se adviene sujeto en el encuentro de lo social y lo psíquico, en el pasaje por instituciones diversas, que, a lo largo de la historia, van dejando huellas que no son fijas, sino que tienen constantes modificaciones. Son envolturas, pliegues en uno mismo y en los otros.

Como "formadores" se generan situaciones que ponen en juego al otro para que haga su parte, su propio camino en el ejercicio de la docencia y en la vida, su acto-poder político en su hacer social (Souto, 2017). En tal sentido, los docentes en formación inicial, en su experiencia de practicantes deben tener total protagonismo en la construcción de su identidad y saberes, tal como expresan Anijovich y Mora (2009, p.25):

> *Consideramos al sujeto de la formación como un proceso complejo que entraña una interacción entre el que se forma, el formador, su objeto de estudio y su ámbito de trabajo.*
>
> *Anijovich y Mora, 2009*

Considerar a los docentes como partícipes y protagonistas activos de su desarrollo en tanto que trabajadores y profesionales, significa tener en cuenta sus trayectorias, experiencias previas e identidades laborales y profesionales en las que se han forjado.

La formación profesional docente no es en vacío, afecta y es afectada por lo sociocultural, es parte del mundo al que contribuye a constituir a la vez que esta la constituye. Se efectiviza en organizaciones situadas en contextos específicos, que interpretan, modifican sistemas y proyectos; en donde los sujetos "formadores" crean mediaciones, ayudas para los futuros docentes y los que están ya en ejercicio transitando su formación permanente, a los fines de generar cambios (Souto, 2017).

Conceptualizaciones sobre Formación Docente

La formación docente ha sido objeto de intensa preocupación a lo largo de la historia y puede afirmarse que es uno de los problemas más significativos en el ámbito actual de los sistemas educativos.

Diversos autores parten de los aportes de Terhart (1987) para pensar la formación docente como un complejo proceso que comienza en los inicios mismos de la escolaridad de las personas, continua con su formación de grado y se nutre fundamentalmente de lo que denominan socialización laboral o socialización profesional.

El concepto de *formación* no es unívoco. Diferentes perspectivas teóricas remiten a él ponderando distintas aristas del mismo.

Desde el humanismo, —perspectiva que toma en consideración a la dignidad humana como criterio último de las valoraciones y normas y como horizonte al que deben orientarse las acciones, si se desea una vida que valga la pena ser vivida—; Herder (Gadamer, 1996) ponderó el ideal de la formación del hombre.

La formulación más desarrollada del concepto de formación se puede encontrar en las producciones de Hegel (Yurén, 2000), que la designa como "bildung". Esto requiere que la persona se apropie de las normas y los órdenes institucionales existentes y los cumpla, se apropie de la cultura de su tiempo y se configure a sí misma como sujeto que crea, recrea o renueva la cultura y los órdenes sociales. Esta última implicación es la que considera (Ginzo 1998) como formación, o más estrictamente como el concepto dialéctico de formación espiritual (Abbagnano y Visalberghi, 1993). Para este modelo, el concepto de formación presenta tres características centrales que son: la idea de incompletud del sujeto en formación, el papel activo del sujeto en formación en un marco de intersubjetividad y la formación como retorno sobre sí mismo.

Abordar la formación docente implica considerar un proceso permanente de adquisición, estructuración y reestructuración de saberes (conocimientos, habilidades, valores) para el desempeño de la labor de enseñar. El breve período de la formación inicial debe acompañar al "futuro profesor" en la construcción de saberes, habilidades y actitudes para afrontar los grandes desafíos que implica su tarea; conocimientos fundamentales en el desarrollo profesional de la docencia.

Ferry (1993) señala que la formación es algo que tiene relación con la forma. Una forma para actuar, para reflexionar y perfeccionar esta forma. Formarse es "ponerse en forma". La formación es entonces completamente diferente de la enseñanza y del aprendizaje. O sea que la enseñanza y el aprendizaje pueden entrar en la formación, pueden ser soportes de la formación, pero la formación, su dinámica, este desarrollo personal que es la formación, consiste en encontrar formas para cumplir con ciertas tareas para ejercer un oficio, una profesión, un trabajo, por ejemplo.

Cuando se habla de formación se habla de formación profesional, de ponerse en condiciones para ejercer prácticas profesionales. Esto presupone, muchas cosas: conocimientos, habilidades, cierta representación del trabajo a realizar, de la profesión que va a ejercerse, la concepción del rol, la imagen del rol que uno va a desempeñar, etcétera. Esta dinámica de formación, esta dinámica de la búsqueda de la mejor forma es un desarrollo de la persona que va a estar orientado según los objetivos que busca y de acuerdo con su posición.

La formación docente según Achilli (2000) puede ser pensada como un proceso en el que se articulan prácticas de enseñanza y de aprendizaje orientadas a la configuración de sujetos docentes/enseñantes. La práctica docente es concebida como práctica de enseñanza, propia de cualquier proceso formativo y como apropiación del oficio de docente, para iniciarse, perfeccionarse y/o actualizarse en la práctica de enseñar.

Díaz (2003) explicita que la formación docente es más que una sumatoria de conocimientos adquirida por el alumno ya que estructura representaciones, identificaciones, métodos y actitudes e impacta en el sujeto en formación en el plano cognoscitivo, y en lo socioafectivo, conformando cambios cualitativos más o menos profundos.

Souto (2017) define a la formación como una dinámica de transformación en el sujeto docente, como la búsqueda de formas nuevas para cumplir con ciertas tareas para actuar en el campo profesional de la docencia. Considera la perspectiva de un sujeto adulto que construye un camino, un recorrido que le significará transformaciones, a partir de mediaciones diversas. En ese trayecto plantea demandas, traza objetivos, toma posición y se forma a si mismo sobre la base de mediaciones que establece con las instituciones, los programas, los formadores y los textos.

La Formación Docente inicial y continua para el nivel medio y superior

La tarea docente se encuentra permanentemente demandada por los cambios y avances que se operan en las diferentes esferas de la sociedad; la cultura, la política, las tecnologías, el conocimiento científico. Por tal razón el desarrollo profesional de los docentes constituye una estrategia fundamental tanto para renovar su oficio, como para responder a las nuevas necesidades de la sociedad, atendiendo a la complejidad de la tarea de enseñanza y de mediación cultural que realizan en sus diferentes dimensiones política, sociocultural y pedagógica.

La formación docente constituye un proceso de larga duración que sucede en diversos períodos de la trayectoria de los profesores más que en momentos puntuales y aislados. No se inicia en el nivel superior, ya que quien elige ser profesor posee muchos saberes sobre esta tarea constituidos en su experiencia previa como alumno y estudiante.

Davini (1995) señala que la modelación de las prácticas y del pensamiento, la instrumentación de estrategias de acción técnico-profesionales, operan desde la trayectoria escolar propia del futuro docente. En el tránsito por diversos niveles educativos, el sujeto interioriza modelos de aprendizaje y rutinas escolares, que se actualizan cuando se enfrenta a situaciones en las que debe asumir el rol de profesor. Esto es estudiado desde las ciencias de la educación, por su fuerte impacto en las prácticas profesionales, como autobiografía escolar.

Elizeu Clemetino de Souza afirma que la formación integra la construcción de las identidades social, personal y profesional, que al interrelacionarse demarcan la autoconciencia y el sentido de pertenencia (Souza y Venancio Mignot, 2010). El profesor "formador" acompaña el trabajo protagónico del docente que se forma, con fuerte ponderación del análisis de la autobiografía. Esto permite dejar de entender formación como la acción "de formar" para entenderla como la "acción de formarse"; haciendo que la autobiografía y la autorreflexión ocupen un lugar central en la construcción de la identidad docente.

La formación docente inicial remite al proceso pedagógico sistemático en que un futuro docente pasa por una institución formadora que posibilita el desarrollo de competencias propias del ejercicio profesional, en los diferentes niveles y modalidades del Sistema Educativo. Se alude a la misma como inicial dando cuenta de que esta experiencia no refiere a un proceso acabado, implica reconocer la necesidad de continuarlo.

A su vez, la socialización laboral actúa eficientemente, pues los docentes, noveles, principiantes o novatos, adquieren en las instituciones educativas las herramientas para afrontar la complejidad de las prácticas cotidianas. Tal hecho pone en evidencia que la formación inicial no prevé muchos de los problemas de la práctica diaria y que los diversos influjos de los ámbitos laborales diluyen, en buena medida, el impacto de la formación inicial.

Cabe distinguir que la formación docente continua es aquella que se lleva a cabo en servicio, a lo largo de toda la carrera, de toda la práctica docente. Dado que el tiempo de formación inicial es escaso para formar a los futuros docentes en las especificidades de cada disciplina y su enseñanza, se los prepara para continuar las búsquedas a lo largo del desarrollo profesional en la formación permanente posterior. Las instancias, experiencias y conocimientos acumulados en las acciones de formación permanente pueden contribuir a enriquecer la preparación inicial, planteando nuevas áreas y estrategias que permitan un vínculo más estrecho entre la formación y el trabajo de enseñar.

El docente en formación, para llevar adelante esta tarea, debe desplegar su experiencia y su creatividad, afrontando situaciones únicas, ambiguas, inciertas y conflictivas que configuran la vida en las aulas. Este espacio interpela la experiencia de la formación del profesorado, a los fines de rescatar el conocimiento aprendido, vislumbrar nuevos caminos y ensayar nuevas propuestas.

Los futuros docentes no pueden finalizar su formación inicial sin conocer el mundo concreto que conforman las instituciones educativas, el papel activo que las mismas tienen en los conocimientos que allí aprendieron previamente y cómo ellas construyen su propio mundo interno, en relación con el mundo que tienen a su alrededor. La articulación entre el mundo del contexto educativo y el de la formación profesional docente es clave para los procesos de aprendizaje, en tanto restituye el papel del conocimiento como elemento activo de la realidad.

Formación Docente vs. Profesionalización Docente

La Educación tiene como objetivo básico propiciar y potenciar el desarrollo de los sujetos y de las comunidades en que viven. La tarea realizada por los profesores, —"otros significativos"—, resulta relevante para los estudiantes y para la sociedad en su conjunto; por ello es nodal pensar cómo potenciar al máximo sus capacidades y herramientas (Zabalza y Zabalza, 2012) a los fines de promover profesionales capaces, responsables y éticamente comprometidos con su labor.

La función docente se ha construido sobre algunos supuestos que ahora están en crisis: históricamente la tarea de enseñar se vinculó a la vocación y el servicio. En estos tiempos, el profesor de educación media y superior debe afrontar nuevas demandas y un incremento de exigencias, tanto sociales como institucionales.

La tarea docente está mutando y aumentando su complejidad, lo que hace necesario un cambio del perfil profesional que contemple el uso de nuevas metodologías orientadas a la adquisición de competencias, la incorporación de las nuevas tecnologías como elemento transversal en la multivariedad de estrategias metodológicas que se solicita que empleen, etc. En esta coyuntura se espera del profesor el dominio del saber disciplinar específico y contar con competencias docentes, psicopedagógicas, tecnológicas, lingüísticas (dominio de una segunda y tercera lengua), entre otras (Gros y Romaña, 2004).

En la actualidad es difícil imaginar un profesor ideal, mero ejecutor de programas de formación (Tejada, 2009), o un docente que solo expone contenidos a un grupo de alumnos pasivos, que tienen como única actividad la recepción, anotación y memorización de dicho conocimiento (Gros y Romaña, 2004). Todo lo mencionado, ubica a la profesionalización de la docencia en la agenda educativa, con una relevancia hasta hoy no reconocida.

Frente a los nuevos desafíos, resulta incuestionable que la formación es un elemento clave para constituir profesores cuyas prácticas de enseñanza sean innovadoras, contextualizadas, apropiadas a cada caso y previamente razonadas (Paquay, 2005).

Padilla (2007) señala que la formación docente es un proceso social complejo, que refiere a la utilización que se puede hacer del conocimiento y en algunos casos a su producción y que puede ser analizado desde distintas perspectivas. Sostiene que, en tanto proceso, puede pasar por distintos niveles: la capacitación, la actualización, la especialización y la profesionalización (ésta última como una tendencia en las instituciones educativas de educación superior). Debe ser pensada como un proceso continuo, sistemático y organizado; por ello se hace necesario visualizarla abarcando toda la carrera docente, englobando tanto la formación inicial como la permanente (Perales, Sánchez y Chiva, 2002).

Imbernón (2007) explicita que es importante analizar el contexto político y social como elemento imprescindible en la formación, lo que implica examinar el concepto de profesión docente, la situación de las instituciones educativas (normativa, política), la situación actual de la enseñanza, del aprendizaje de los estudiantes, entre otros factores.

La cuestión de la profesionalidad docente parece clara cuando la enseñanza debe ser considerada una profesión cuyos miembros deben prestar un servicio público, que requiere de conocimientos profundos, competencias específicas y sentido de responsabilidad individual y colectiva respecto de los alumnos (Zabalza y Zabalza, 2012). La dimensión profesional de la docencia requiere de atención en tanto constituye la esencia de lo que un docente es y debe hacer. El ejercicio de una profesión plantea requisitos que fortalecen la identidad de la tarea docente: la formación específica y de alto nivel, los sistemas de selección, el reconocimiento de la autonomía en su trabajo, la formación permanente, la carrera profesional, etc.

A pesar de ello, en Argentina, la idea de docente como profesional ha generado ciertos resquemores. Algunos movimientos vinculados a organizaciones sindicales atribuyen el término a la concepción burguesa de las políticas neoliberales de profesional independiente desde las cuales el saber es un bien comercializable. Consideran que la idea de profesionalismo se torna una estrategia que pretende agregar responsabilidades a los docentes y funciones que no están en sus contratos y convenios colectivos de trabajo y por la que no reciben remuneración.

Los caminos de la profesionalización docente han sido concebidos tradicionalmente como vías consecutivas y desarticuladas de formación (inicial y continua). Ello trae aparejada la pervivencia de la dicotomía entre teoría y práctica. Estrechamente vinculada a ella, la incomunicación y aún la desconfianza entre los actores implicados en los diversos itinerarios de formación: académicos y profesores del sistema.

La profesionalización es pensada como el proceso en que convergen los diversos itinerarios de formación a través de acciones reflexivas permanentes y situadas; en las que participan profesores del sistema y profesores en formación inicial; que conduce a la teorización de la práctica y la adquisición de niveles crecientes de conciencia profesional para ambas partes.

Tenti Fanfani (1995) intenta establecer cuáles serían los conceptos mínimos que se encuentran involucrados en la idea del profesional o la profesionalización. De este modo define a una profesión como una combinación estructural de tres características típicas: conocimiento acreditado mediante títulos, autonomía en el desempeño y prestigio y reconocimiento social (Tenti Fanfani, 1995, p. 20).

El discurso de la profesionalización está estrechamente ligado a la crisis del sistema educativo y a la mejora de la calidad de la educación, especialmente a partir de la década del 80 y con mayor énfasis en la del 90. Si se pretende garantizar la calidad de la educación, se impone que los recursos humanos del sistema actúen profesionalmente.

Tenti Fanfani (1995), refiriéndose al debate sobre el tema en Estados Unidos, explicita que la profesionalización se convierte en la llave maestra del mejoramiento de la calidad de la educación (Tenti Fanfani, 1995, p. 20).

Pero por otra parte, el tema de la calidad aparece cada vez más ligado al conocimiento y la tecnología: para insertarse en un mundo cada vez más competitivo y globalizado, se impone el manejo de los instrumentos de la tecnología y conocimientos tanto básicos como especializados. Al decir de CEPAL/UNESCO, la educación y el conocimiento serían los ejes de la transformación productiva con equidad.

Instituciones de Formación Docente en Argentina

Desde mediados de la década del sesenta, la formación docente de la Argentina se lleva a cabo en el nivel superior dado que antes formaba parte de la educación media (en las Escuelas Normales) y en las Universidades. Hasta la actualidad coexisten en Argentina instituciones superiores universitarias y terciarias que se ocupan, bajo regímenes diferentes, de formar maestros y profesores. Aun así, los docentes con título universitario representan una minoría en el sistema educativo: en la Ciudad de Buenos Aires, por ejemplo, solo alcanzan el 25 % en el nivel medio.

Una investigación realizada por Mollis (2006) compara los circuitos formativos terciarios y universitarios que ofrecen carreras docentes.

Los resultados identifican la convivencia de distintos modelos de formación. Mientras las universidades priorizan la formación académica, en detrimento de la formación pedagógica que aparece como un ciclo posterior a la licenciatura o como una diversificación de materias, en los institutos terciarios la formación docente constituye el eje vertebrador de la propuesta formativa.

Es posible señalar una diferencia, entre las propuestas terciarias que forman docentes para los niveles inicial y primario y las que forman para el nivel medio, basada en la especialización disciplinar. La excepción a los modelos "antagónicos" de formación docente la constituyen las universidades de más reciente creación, en las que se combina la investigación, como una manera de fomentar la excelencia académica y la centralidad en la formación pedagógica.

Es importante explicitar entonces, que la formación de docentes se desarrolló a través de dos circuitos paralelos: el "normalista" que nutría al sistema educativo formal y el "universitario" que formaba básicamente para las distintas profesiones y, en menor medida, también ofrecía titulaciones docentes. Las trayectorias educativas y sociales de los aspirantes a ambos circuitos formativos corrieron, hasta bien entrado el siglo XX, también por sendas diferentes (Alliaud, 2013).

Los rasgos organizacionales del nivel superior no universitario evidencian el sostenimiento de una estructura o gramática escolar en cuanto a la forma en que se distribuyen los tiempos y espacios, los modos en que se plantea la relación con los conocimientos y los contenidos de la formación, los rituales, las maneras de plantear el vínculo pedagógico, el perfil de los formadores, las dinámicas de gobierno institucional, etc. Se hace necesario considerar que el nivel superior terciario depende, desde los años 90, de las respectivas jurisdicciones de gobierno educativo provincial, a diferencia de las universidades que si bien están bajo la órbita nacional son autónomas (Davini 2005; Aguerrondo y Vezub, 2008).

Dentro del circuito terciario, las instituciones formadoras (IFD) son en Argentina numerosas y divergentes en cuanto a oferta, localización, cantidad de alumnado y tipo de formación que ofrecen. Este circuito, que provee la mayor cantidad de docentes al sistema educativo formal, presenta dos problemas centrales en torno a la oferta: uno de ellos, es la convivencia en una misma institución de carreras disímiles, ya sean de formación docente o no; el otro, la desconexión que muchas veces acontece entre la formación de maestros y profesores. Así, a la falta de especialización de la mayoría de las instituciones, se suma la desarticulación entre carreras que presentan tramos formativos comunes (Alliaud, 2013).

Los directivos y los profesores de los institutos de Formación Docente señalan que los ingresantes tienen problemas en las competencias básicas como capacidad de expresión, técnicas de estudio, etc. necesarias para brindar una base que posibilite una formación exigente y de calidad (Davini, 2005)

Para analizar las particularidades que asume la formación docente gestionada desde los Institutos de formación docente y las universidades, aunque ambas subestructuras estén consideradas normativamente como de Formación Superior, resulta necesario hacer hincapié en sus tradiciones (Davini, 1995), en su historia.

Profesorado de la Facultad de Psicología de la Universidad de Buenos Aires

El Profesorado de la Facultad de Psicología de la Universidad de Buenos Aires ha hecho un aporte destacado a la formación docente universitaria del país. Es relevante hacer un recorrido histórico comenzando desde antes de su creación.

Si bien la carrera de Psicología de la UBA se crea en 1958, hay registro de Cursos de Psicología que se dictan en la Facultad de Filosofía y Letras de UBA desde 1896. Inicialmente la carrera dependía de dicha Facultad y no es hasta 1974 que deja esta sede y se constituye como facultad independiente, desde sus comienzos pueden observarse en sus diversos planes de estudio la presencia de materias didáctico-pedagógicas, ya que el título que inicialmente se otorga es el de profesor en psicología y no el de licenciado.

A partir de un recorrido por el Archivo Histórico Virtual que la Facultad posee en el sistema académico, pueden pesquisarse indicios de esta difuminada formación docente dentro de la currícula.

En el plan de estudios de 1956, se presentan cursos de psicología con contenidos netamente didácticos en Psicología II: Psicología diferencial y dinámica de la personalidad: Unidad VI: "la enseñanza de la psicología en el bachillerato y en el normalismo" Prof. Titular: Jaime Bernstein.

En el plan de estudios de 1958, sobre la base del Expediente N°95.398/56 y Resolución N° 528/57 de creación de la carrera, se aprueba el Plan de Estudios que cuenta con cuatro Asignaturas introductorias, catorce Asignaturas básicas de la Carrera, cinco Asignaturas electivas, de una oferta de una; dos seminarios Electivos de una oferta de diez. Y se agregan asignaturas para el Profesorado: Historia, Pedagogía, Didáctica y Prácticas.

En el plan de estudios de 1967, se agrega a la currícula Pedagogía, Psicología de la niñez y adolescencia, Didáctica General y Práctica de la Enseñanza. Se presenta una nueva orientación en la licenciatura: la orientación pedagógica, que contempla el cursado de Pedagogía, Didáctica, Psicología Educacional, Orientación Vocacional y Psicología diferencial.

En el plan de estudios de 1973, se suman a la currícula las asignaturas: Pedagogía y Didáctica.

Finalmente en el plan de estudios de 1974, se establece por primera vez la posibilidad de obtención de dos títulos, el de Licenciado en Psicología y de Profesor en Enseñanza Normal y Especial en Psicología, para lo cual el estudiante debía aprobar los cuatro primeros años de la carrera y las materias pedagógicas que determinara el Departamento de Educación.

Este último plan de estudios es el que más se asemeja a la formación y titulaciones que actualmente ofrece la Facultad.

Al revisar los antecedentes es posible visualizar que luego de la creación de la Facultad se preparó un proyecto de Carrera de Profesores de Enseñanza Media y Superior en Psicología, que no llegó a ser tratado y aprobado.

En 1993 se participó del Anteproyecto inter-facultades de Formación de profesores. En 1994 por Res. (CD) 684 se solicitó al Consejo Superior la aprobación del Convenio celebrado entre la Facultad de Psicología y la Facultad de Filosofía y Letras para el dictado de las asignaturas del área de formación pedagógica. En 1995 por Res. (CS) 1863 se creó el Profesorado de Psicología. En dicho año se puso en práctica el convenio con la Facultad de

Filosofía y Letras, aunque el mismo nunca fue homologado por el Consejo Superior.

El nuevo Plan de Estudios

La resolución 4579/12 de Consejo Superior aprueba el nuevo Plan de Estudios de la Carrera de Profesorado de Enseñanza Media y Superior en Psicología sobre la base del Plan de Estudios 2004, este se organiza como el anterior en dos áreas formativas: área psicológica y área pedagógica:

1. Área de Formación en Psicología: incluye todas las asignaturas del CBC, las asignaturas obligatorias Ciclo de Formación General de la Licenciatura en Psicología y las materias Psicología Institucional y Psicología Educacional del Ciclo de Formación Profesional. (23 asignaturas)
2. Área de Formación Pedagógica: incluye las asignaturas Teorías de la Educación y Sistema Educativo Argentino, Didáctica General, Didáctica Especial de la Psicología y Didáctica Especial y Práctica de la Enseñanza. (4 asignaturas)

La cantidad de asignaturas correspondientes a una y otra área de formación evidencia claramente la concepción dominante sobre la "necesaria" formación didáctico-pedagógica de los docentes formados en la universidad argentina. Su objetivo general es proporcionar formación pedagógica-didáctica para el ejercicio de la docencia en la enseñanza media y superior a los estudiantes avanzados de Psicología o a los Licenciados en Psicología.

Los objetivos específicos del Área de Formación Pedagógica son posibilitar el conocimiento y análisis de los supuestos teóricos y metodológicos que sustentan las prácticas educativas, apropiarse de las herramientas conceptuales, metodológicas y técnicas necesarias para el ejercicio de la docencia en los niveles medio y superior, reflexionar sobre el sentido, función y alcance de la enseñanza de la Psicología en los niveles medio y superior y en sus diversas modalidades constitutivas de esos niveles y analizar el marco social e institucional en el que se desarrolla la práctica docente y asumir una actitud reflexiva ante su propia práctica.

En la última materia del Profesorado, donde se llevan a cabo las prácticas docentes, la asignatura tiene por finalidad contribuir al desarrollo de competencias didácticas relativas al dominio eficaz de estrategias de enseñanza contextualizadas, en espacios formativos de nivel medio y superior. Para ello debe desarrollar en los estudiantes la capacidad para realizar intervenciones pertinentes, que expresen el dominio y transferencia del corpus teórico específico, con capacidad de reflexión sobre los alcances y límites de sus intervenciones y sobre el rol que compete a un Profesor de Psicología.

Por último, se espera que los "profesores en formación" adquieran competencias y disposición favorable para recrear los marcos teóricos instituidos con fundamento científico, y una aptitud para revisar, resignificar y reconstruir la experiencia propia de la enseñanza de la Psicología en un contexto de reflexión colectiva.

Los alumnos deben desarrollar prácticas docentes en terreno en el Nivel Superior y en el Nivel Medio. Para ello deben realizar observaciones de carácter diagnóstico de los grupos en los cuales realizarán su intervención y sobre la base de ellas deben planificar las clases cuyo dictado asumirán.

Se implementan para ello estrategias didácticas que tienen como objetivo, el intento de sistematizar producciones reflexivas, autoevaluativas, fomentando la autonomía, y la construcción conjunta de la identidad docente. Entre otras, las autobiografías y portfolios, desarrollados en un formato narrativo, expresan aspectos vinculados con las "marcas" que han cimentado experiencias y vivencias a lo largo de todo el trayecto personal de aprendizaje, operando las mismas como instrumento y vehículo de análisis que se espera contribuyan en la dirección de una pedagogía universitaria atenta a la educación en valores.

Se posibilita así la inauguración de un espacio al servicio de la recopilación de evidencias respecto de un proceso de aprendizaje, con la construcción de portfolios. Estos constan de una colección de trabajos y las reflexiones sobre los mismos, donde la recolección, lejos de ser aleatoria, es deliberada, sistemática y organizada (Danielson y Abrutyn, 2002).

Podría considerarse como la historia documental, cuidadosamente estructurada de un conjunto de desempeños, que han sido mediados por Tutorías, y cuya realización plena adviene solamente a través de la escritura reflexiva, la deliberación y el intercambio.

La Práctica Docente

Según Cullen (2012) la educación conforma una práctica, una praxis ya que se trata de una acción que se caracteriza, por un lado, porque se sabe lo que se hace y, por el otro, porque existen infinitas posibilidades de hacerlo o no, o modificarlo o fraccionarlo o ..., y esta situación no ocurre naturalmente.

Como ocurre con otras prácticas sociales, el docente no es ajeno a los signos que la caracterizan como muy compleja. Tal complejidad deviene en este caso del hecho de que se desarrolla en escenarios singulares, bordeados y surcados por el contexto. Signada por esta impronta, es evidente la imposibilidad de uniformar.

En su análisis pasa de la homogeneidad a la diversidad, de la certeza a la incertidumbre, de los perfiles claros a otros borrosos. Los determinantes que cruzan y hacen compleja la práctica docente impactan mucho en la tarea cotidiana. Eso hace que esté sometida a tensiones y a contradicciones que provocan, en muchos casos, un corrimiento de aquello que es su tarea central: el trabajo en torno al conocimiento. Por ello, el tiempo permite reconocer que, en los procesos formativos, resulta de interés diferenciar razones que den cuenta de este corrimiento a través de niveles o de escalas diferentes.

Es posible definir la práctica docente como una praxis social, objetiva e intencional en la que intervienen los significados, las percepciones y las acciones de los agentes implicados en el proceso —docentes, alumnos, autoridades educativas y padres de familia— así como los aspectos político-institucionales, administrativos y normativos que, según el proyecto educativo de cada país, delimitan la función del profesor (Fierro, 2000).

En este sentido, el trabajo del docente se sitúa en el punto en el que se encuentran el sistema educativo y los grupos sociales particulares.

Su función será mediar en el encuentro entre el proyecto político educativo, estructurado como oferta educativa, y sus destinatarios, en una tarea que se realiza cara a cara. Este trabajo está expuesto cotidianamente a las condiciones de vida, características culturales y problemas económicos, familiares y sociales de los sujetos con quienes trabaja.

Este concepto de práctica docente le da cabida al docente y al estudiante en su papel de sujetos que intervienen e interactúan en el proceso educativo y no sólo como insumos o productos de este. Como sujetos que participan en el proceso son tan responsables de llevarlo a cabo, como artífices de este. Dicha práctica contiene múltiples relaciones: Entre profesores con sus alumnos, otros docentes, los padres de familia, las autoridades y la comunidad; con el conocimiento; con la institución; con todos los aspectos de la vida humana que van conformando la marcha de la sociedad y con un conjunto de valores personales e institucionales.

En la relación pedagógica se evidencia la forma en la que el docente vive su función como educador en el marco de la institución educativa. Por relación pedagógica se designa la forma en que se expresan de manera conjunta las relaciones contenidas en las dimensiones anteriores, las cuales caracterizan específicamente la práctica educativa de cada maestro y le imprimen una determinada orientación a la relación que establece con los alumnos (Fierro, 2000). Las prácticas docentes se plasman en situaciones de enseñanza y de aprendizaje, en donde la relación pedagógica se presenta como obstaculizadora o favorecedora.

Passmore (1983) y Fenstermacher (1989) proponen un concepto de enseñanza que incluye como rasgo central el compromiso entre dos personas: una que posee algún conocimiento o habilidad y otra que carece de ella, en algún tipo de relación para que el primer sujeto traspase lo que sabe a la persona que no lo sabe. La enseñanza presupone, entonces, una situación inicial asimétrica con respecto al conocimiento y el establecimiento de una relación que permita un cambio en esa situación mediante la obtención, por parte de quien no lo tiene, de aquello que no poseía inicialmente.

Se considera a la enseñanza como un sistema estrechamente vinculado con la actividad práctica del hombre, cuyo propósito esencial es el de la transmisión de información mediante la comunicación directa o soportada en medios auxiliares, que presentan un mayor o menor grado de complejidad y costo. Como resultado de la acción de la enseñanza, debe quedar una huella en el individuo, un reflejo de la realidad objetiva, del mundo circundante que, en forma de conocimiento, habilidades y capacidades, le permitan enfrentarse a situaciones nuevas con una actitud creadora, adaptativa y de apropiación.

El proceso de enseñanza produce un conjunto de transformaciones sistemáticas en los individuos, una serie de cambios graduales cuyas etapas se suceden en orden ascendente. Es, por tanto, un proceso progresivo, dinámico y transformador (Leontiev, 1991). Como consecuencia del proceso de enseñanza, ocurren cambios sucesivos e ininterrumpidos en la actividad cognoscitiva del individuo (alumno). Con la ayuda del maestro o profesor, que dirige su actividad conductora u orientadora hacia el dominio de los conocimientos, así como a la formación de habilidades y hábitos acordes con su concepción científica del mundo, el estudiante adquiere una visión sobre la realidad material y social. Ello implica necesariamente una transformación escalonada de la personalidad del individuo (Gimeno Sacristán y Pérez Gómez, 1993).

El proceso de enseñanza y de aprendizaje constituye un verdadero par dialéctico en el cual el primer componente debe organizarse y desarrollarse de manera tal que facilite la apropiación del conocimiento de la realidad objetiva. En cambio el segundo componente, el aprendizaje, es un proceso de naturaleza compleja, cuya esencia es la adquisición de nuevos conocimientos, habilidades o capacidades Para que dicho proceso pueda considerarse realmente como aprendizaje, en lugar de una simple huella o retención pasajera, debe poder manifestarse en un tiempo futuro y contribuir, además, a la solución de problemas concretos, incluso diferentes en su esencia a los que motivaron inicialmente el desarrollo del conocimiento, habilidad o capacidad (Kaplún, 1996).

Los procesos de enseñanza y aprendizaje en los cuales estudiantes y docentes participan adquieren particulares características en el contexto educativo (Anijovich, Cappelletti, Mora y Sabelli, 2012). La Universidad es un contexto construido por las personas. En este sentido lo esencial son los actores y sus metas. Las metas se relacionan directamente con dimensiones intencionales de la conducta, en la universidad no son ajenas a una transmisión de valores que tienen sus raíces en el grupo social.

El espacio universitario es un contexto esencialmente social. La universidad como contexto ha de entenderse en relación con los procesos de cambio que se producen en ella, es un grupo social que forma parte de una comunidad más amplia en la que a su vez está inmersa. No cabe duda de que, aunque la universidad constituye una organización social con entidad por sí misma, está enmarcada en contextos sociales más amplios desde los que, sin duda, adquiere su sentido.

Los docentes cuentan con un espacio de poder y responsabilidad, un lugar de elaboración y afirmación de su identidad y de su profesión. La mirada que el profesor tiene del alumno, es decir del sujeto desde y hacia el cual el docente construye su hacer profesional configura el contexto de los estudiantes (Ardiles y Borioli, 2005).

La alternativa que se presenta como desafío es la de los docentes que pueden posicionarse desde las posibilidades y las fortalezas, propias y ajenas, abordando como oportunidad a aquellas situaciones adversas que se le van presentando. Así se genera una institución educativa capaz de movilizarse en la búsqueda de alternativas, que se hace cargo, que se reconoce como parte del problema y comienza a replantearse qué responsabilidad le cabe al momento de realizar innovaciones.

Para los docentes, la educación es un fenómeno complejo y frente a esta realidad, muchas veces sienten que se quedan sin recursos para afrontar sus responsabilidades. La demanda de estrategias y herramientas es realmente alta si se trata de un docente responsable, que se hace cargo de la tarea no sólo de transmitir los contenidos conceptuales dispuestos por el currículo, sino además de cumplir con la obligación de educar para la vida. Ya no se piensa sólo en lo que no hay, lo que no se tiene, es decir, los factores de riesgo, sino que se abre el juego para pensar en las posibilidades ante la diversidad. Lo que promueve, sin lugar a duda, una institución educativa en la que todos los actores institucionales, lleven el concepto y sus herramientas a las prácticas cotidianas.

Las buenas prácticas docentes están sostenidas en las fortalezas que aportan los profesores, en el preocuparse y ocuparse responsable y afectivamente de su función, de manera tal de poder constituirse como adultos significativos para sus alumnos. (Daverio, 2007).

La Práctica Docente en la formación inicial del docente

Durante mucho tiempo se consideró que el aprendizaje de una práctica se podía realizar a través de la imitación de aquellos experimentados en la misma. El avance de los conocimientos teóricos y la mayor comprensión de los problemas que el ejercicio de una práctica puede presentar dieron lugar a una preocupación por la formación teórica necesaria para diversos desempeños. Se generalizó, entonces, la convicción de que era ineludible una formación teórica previa al aprendizaje de una práctica y que bastaban algunos ejercicios prácticos como cierre final de esa formación. Ya es sobradamente reconocida la insuficiencia de ese enfoque formativo.

Recién en las últimas tres décadas, a partir de los enfoques prácticos y críticos, comienza un significativo desarrollo teórico y de programas de investigación de una concepción alternativa de la práctica, desde la cual se reconoce que el practicante está implicado en las acciones que realiza y que su modo de pensar y de actuar están atravesados por complejos saberes, conocimientos y creencias, producto de un largo proceso de formación. Se entiende, así, la práctica docente como una práctica social compleja que se caracteriza por la singularidad y la incertidumbre; por lo que requiere de practicantes preparados no solamente en las herramientas teóricas y prácticas, sino también en actitudes de autonomía y de compromiso. Es decir, practicantes que sepan dialogar con las situaciones que se les presentan.

La práctica docente constituye un eje central en la formación de grado. En ella se ponen en juego una cantidad de representaciones, conocimientos y tensiones entre los conocimientos teóricos adquiridos y el quehacer cotidiano del trabajo docente en el aula. Constituye una preocupación permanente en la formación inicial de los/as futuros/as docentes, más allá de las disquisiciones teóricas y metodológicas que han caracterizado y aún caracterizan a las diferentes tradiciones de formación de los/as profesores/as. Ocurre que la práctica docente implica el centro de acción de los procesos de enseñanza y aprendizaje, e intervienen en ella un sinnúmero de variables y dimensiones que la definen en su multiplicidad.

Numerosas investigaciones referidas al pensamiento del profesor, como así al análisis de las acciones concretas del aula, han puesto de manifiesto cómo las prácticas se configuran más por aspectos no reflexivos, propios del tránsito por diferentes niveles educativos que, por la acción consciente e intencionada de la toma de decisiones a partir de la formación inicial (Delorenzi, 2009)

Por ello, los espacios de la práctica deben constituir para los/as futuros/as docentes un ámbito de análisis, reflexión, interpretación, hipotetización, discusión teórica y metodológica para dar lugar a propuestas transformadoras.

Dado que las prácticas se llevan a cabo en contextos complejos, no es posible entonces abordarlas desde una mirada simplificadora. Es necesario generar las condiciones para que el practicante desarrolle un pensamiento complejo y una actitud de compromiso con la realidad de su tiempo. Es preciso, también, que durante la formación inicial y el proceso de desarrollo profesional se sistematice cuidadosamente la articulación entre formación teórica y análisis de la práctica, ya que la inmersión acrítica en la misma, sin apoyaturas sistemáticas desde la teoría, puede resultar altamente reproductora. El desarrollo del pensamiento complejo, necesario para asumir una práctica compleja, no es posible a través del ensayo y el error. Diversos dispositivos formativos permiten llevar a cabo ese proceso.

Dimensiones y dispositivos de la Práctica Docente

Dimensiones

Las dimensiones de la práctica docente son: personal, institucional, interpersonal, social, didáctica y valoral o axiológica (Fierro, 2000).

Al revisar con detalle cada una de las dimensiones se encuentra lo siguiente:

- *La dimensión personal* está dada porque la práctica docente es una práctica esencialmente humana. La tarea educativa es por definición una labor de relación que posibilita el crecimiento propio y ajeno. Zabalza y Zabalza (2012) expresan que remite a lo que uno es, siente o vive, contempla las expectativas con las que el sujeto desarrolla su trabajo; variables que pueden afectar la calidad de la enseñanza.

  En esta dimensión es posible ubicar el deseo de educar y de enseñar, aquello que condujo a elegir la profesión. Implica la posibilidad de conocerse a uno mismo, analizar la trayectoria e historia profesional personal, estar dispuesto a inventar y reinventar.

La fuerza en que su tarea impacta en los estudiantes, en gran medida, se deriva de lo que se es como persona, de la forma de presentarse y tejer relaciones con ellos.

En este nivel se asientan las decisiones fundamentales del docente como individuo, las cuales vinculan su quehacer profesional con las formas de actividad en las que se realiza en la vida cotidiana, quién es fuera de la clase, que representa su trabajo en su vida privada y de qué manera ésta se hace presente en el aula. Está marcada por la concepción acerca del de sujeto que aprende que tiene y se visibiliza en la toma de decisiones didácticas respecto de la enseñanza.

La enseñanza es un ejercicio de "cuerpo a cuerpo" con los estudiantes. Es un proceso mediado por las características personales de ambos, las de los profesores y de los estudiantes. Es sencillo comprender que existen muy diferentes formas de afrontar el trabajo educativo. Hay un compromiso personal que exige el "ser", lo que se vive, se disfruta y sufre y lo que apasiona y no sólo el "estar" o "hacer de", en tanto ejercicio del rol, de jugar al personaje (Zabalza y Zabalza, 2012).

- *La dimensión institucional* reconoce que las decisiones y las prácticas de cada docente están tamizadas por la experiencia de pertenencia institucional y a su vez, la institución educativa ofrece las coordenadas materiales, normativas y profesionales del puesto de trabajo, frente a las cuales cada docente toma sus propias decisiones como individuo.

  Esta dimensión puede observase en contextos colegiados y grupales, a través del intercambio de experiencias en el seno de determinados equipos de trabajo y culturas profesionales e institucionales.

  Estos colectivos son los que permiten experimentar y poner a prueba los aprendizajes a la vez que conectarse con otras instituciones culturales, comunitarias y redes profesionales. Las instituciones educativas constituyen un entorno de socialización y aprendizaje para los alumnos, pero también para los docentes.

- *La dimensión interpersonal* da cuenta de la función del docente como profesional que trabaja en una institución. Está cimentada en las relaciones entre las personas que participan en el proceso educativo: estudiantes, docentes, directivos y familias. Estas relaciones interpersonales que ocurren dentro de la institución educativa son complejas, pues se construyen sobre la base de diferencias individuales en un marco institucional.
- *La dimensión social* intenta recuperar un conjunto de relaciones que se refieren a la forma en que cada docente percibe y expresa su tarea como agente educativo. Los destinatarios de dicha tarea son diversos sectores sociales. En esta dimensión se procura analizar la forma en que parece configurarse una demanda social determinada para el quehacer docente en un momento dado y en contextos geográficos y culturales particulares.
- *La dimensión didáctica* hace referencia al papel del docente como agente que, a través de los procesos de enseñanza, orienta, coordina, facilita y guía la interacción de los estudiantes con el saber colectivo culturalmente organizado, para que ellos, construyan su propio conocimiento. Incluye la exploración y reflexión de la propia práctica, el análisis de casos y de la experiencia de otros, en el estudio de nuevas teorías y conceptos que posibiliten la reconstrucción y renovación de las estrategias y de los recursos docentes para la enseñanza.

  La elección de la didáctica está marcada por la concepción de sujeto que tiene el docente. Las decisiones relativas a la "forma" de enseñanza son inseparables del modo en que se concibe y da forma al contenido, de los propósitos de enseñanza y los objetivos de aprendizaje definidos. Al delimitar y priorizar determinadas facetas de un tema, prever aquellos significados cuya construcción se desea promover, etc. el profesor anticipa el contexto general en el que se llevará a cabo el proceso, imagina secuencias de trabajo posibles, estudia distintos modos de combinar las tareas, define momentos.
- *La dimensión axiológica* evidencia la práctica docente, en cuanto acción intencionalmente dirigida hacia el logro de determinados fines

educativos, contiene siempre una referencia, a un conjunto de valores. El proceso educativo nunca es neutral, siempre está orientado hacia la consecución de ciertos valores. Es aquí donde el docente debe tomar partida, entendiendo a la educación como práctica liberadora, pero que necesariamente debe servirse de la teoría para sostener esta acción. Cullen (2012) señala que la educación es un asunto que tiene una dimensión ética–política y que es importante incluir un saber reflexivo y crítico sobre lo que hoy significa formar ciudadanos.

De la manera en que cada docente logre integrar y armonizar las dimensiones mencionadas dependerá que su práctica educativa tienda hacia una relación opresora, de dominio e imposición hacia sus alumnos o una relación liberadora en la que se recree el conocimiento sobre la base del respeto y el apoyo mutuos en el proceso de desarrollo tanto de sus alumnos como personal (Fierro, 2000).

En la relación pedagógica se evidencia la forma en la que el docente vive su función como educador en el marco de la institución educativa. Por relación pedagógica designamos la forma en que se expresan de manera conjunta las relaciones contenidas en las dimensiones anteriores, las cuales caracterizan específicamente la práctica educativa de cada profesor y le imprimen una determinada orientación a la relación que establece con los alumnos.

Las prácticas docentes se plasman en situaciones de enseñanza y aprendizaje, en donde la relación pedagógica se presenta como obstaculizadora o favorecedora de las capacidades de afrontamiento de los estudiantes.

Dispositivos

Los formadores, las instituciones no forman, en tanto no se forma al otro, no se le imprime una forma, sino que se construyen, se organizan situaciones, dispositivos, proyectos para que los docentes que participen en ellos se formen. El proceso de cambio acontece en el propio sujeto en formación, quien, al afrontar la realidad, al vivir situaciones compartidas de formación o profesionales va generando su propio trayecto en función de las oportunidades y de lo que ellas le significan (Souto, 2017).

Según el diccionario de Real Academia Española la palabra dispositivo proviene del latín *dispositus,* "dispuesto, que dispone, mecanismo o artificio dispuesto para producir una acción prevista, organización para acometer una acción y disposición, expedición y aptitud."

La noción de dispositivo que ha sido planteada en las ciencias sociales y humanas fue utilizada por primera vez por Foucault (1977) quien define el concepto para analizar la circulación social del poder. El autor entiende al dispositivo como una red que vincula un conjunto de elementos heterogéneos, en un juego de las relaciones de poder y de saber con un carácter estratégico. Es decir, el dispositivo se define no sólo por los elementos (discursos, instituciones, decisiones reglamentarias, enunciados científicos, proposiciones filosóficas y morales, etc.), sino también por la red que se establece entre ellos.

Foucault (1977) define el dispositivo a partir de tres características:

1. como retícula o red;
2. como un tipo de relación: "*...entre estos elementos, discursivos o no, existe como un juego, de los cambios de posición, de las modificaciones de funciones que pueden, éstas también, ser muy diferentes.*" (p.129); y
3. como un juego de fuerzas o, más bien, como "*...estrategias de relaciones de fuerzas soportando unos tipos de saber, y soportadas por ellos.*" (p.130–131).

Cuando se refiere específicamente al campo de la formación expresa que el dispositivo pedagógico es un conjunto de reglas creadas para la apropiación de otros discursos, para distribuirlos, recontextualizarlos y evaluarlos.

Larrosa (2018) utiliza el término "dispositivo" para señalar que la educación se produce en el interior de determinadas formas materiales de disponer espacios, tiempos, cuerpos, relaciones, objetos, tecnologías, disciplinas, lenguajes y maneras de hacer que hagan al mundo disponible para los sujetos y a los sujetos disponibles para el mundo. Enfatiza la cuestión de la disposición, del estar puesto o dispuesto. En ese sentido, un dispositivo educativo sería algo así como un artificio o un artefacto en el que el mundo y los sujetos o estudiantes se ponen, mutuamente, a disposición. Lo que el profesor hace es trabajar sobre ese tiempo, sobre ese espacio, sobre esas materialidades y sobre esas actividades. Lo que hace es crear dispositivos en el interior de las instituciones educativas.

Souto (1999) define al dispositivo pedagógico como un artificio instrumental complejo "*...constituido como combinatoria de componentes heterogéneos que tiene disponibilidad para generar desarrollos previstos e imprevistos y poder para ser proyectado, instalado, realizado y analizado*".

Entre otros, sus componentes son: la finalidad; la institución que convoca; las personas; los espacios; los tiempos; el interjuego entre arte, técnica y teoría; las estrategias.

Para esta autora, el dispositivo plantea un predominio técnico, pero sin desatender otras dimensiones y dispone componentes variados y diversos, en función de una intencionalidad pedagógica: facilitar el aprendizaje. Por lo tanto, entre otras particularidades, el dispositivo pedagógico tiene un carácter de organizador técnico porque organiza condiciones para su puesta en práctica y realización: espacios, tiempos, recursos materiales y humanos, ambientes propicios para su instalación. Pero también organiza acciones desde una lógica de complejidad no lineal (Souto, 1999).

Si bien el dispositivo pedagógico tiene un componente normativo, éste es pensado como uno más del conjunto de factores que lo componen y no como el único que otorga direccionalidad (Souto, 1999).

Es importante señalar que el dispositivo pedagógico trabaja con lo aleatorio, lo incierto, y está pensado con posibilidad de modificación continua. Entonces, el docente debe estar preparado para que, si sucede algo nuevo o inesperado, pueda integrarlo con el objetivo de modificar o enriquecer la acción. Lo expuesto anteriormente no implica ausencia de intencionalidad o finalidad y, muchos menos, desestructuración.

Este concepto ha sido retomado por Souto (1999) y definido como "*...aquello que se pone a disposición para provocar en otros, disposición a, aptitud para...*" (Souto, 1999, p. 105), atravesado por diversas dimensiones.

A partir de esta definición genérica, la autora plantea que un dispositivo puede convertirse en:

- *Un revelador* de significados implícitos y explícitos, de aquello que proviene de lo subjetivo, lo intersubjetivo, y lo social, de conflictos, de órdenes y desórdenes, de incertidumbres, de modos de relación entre los sujetos, de relaciones con el saber, de vínculos con el conocimiento, de representaciones conscientes e imaginarias individuales y compartidas en la vida de un grupo y de una escuela.

- *Un organizador técnico* que estructura las condiciones para su puesta en práctica y realización: espacios, tiempos, recursos materiales y humanos, ambientes propicios para su instalación.
- *Un provocador* de transformaciones, de relaciones interpersonales, de conocimiento, de pensamientos, de reflexiones, de lo imaginario y de la circulación fantasmática a nivel individual, de procesos dialécticos donde se recupere el sentido de los opuestos no para resolverlos necesariamente, sino para sostenerlos en sus contradicciones, de toma de conciencia.

Teniendo en cuenta las significaciones presentadas hasta aquí, es posible señalar que un dispositivo de formación docente es un modo particular de organizar la experiencia formativa con el propósito de generar situaciones experimentales para que los sujetos que participan en él se modifiquen a través de la interacción consigo mismos y/o con otros, adaptándose activamente a situaciones cambiantes, apropiándose de saberes nuevos, desarrollando disposiciones y construyendo capacidades para la acción.

Es posible pensar en dos tipos de dispositivos:

Los dispositivos *basados en narraciones* consisten en la producción de relatos escritos como medio para acceder a la experiencia subjetiva de los estudiantes, para que estos puedan tomar como objeto de reflexión su propia historia escolar, creencias, prejuicios, conocimientos previos y esquemas de acción, adquiridos de modo consciente o no. Los relatos contribuyen a hacer inteligibles las acciones para los propios estudiantes y también para los que escuchan (Egan, 1997).

Es así como posibilitan una toma de conciencia que permitirá iniciarse en la docencia o mejorar sus prácticas actuales, haciendo visibles los criterios por los cuales arribaron a esas decisiones y acciones. En esta categoría es posible encontrar la autobiografía escolar y el diario de formación.

En cambio, los dispositivos *basados en interacciones* privilegian el intercambio y la confrontación entre pares. Son propuestas que favorecen el ejercicio de la observación, el desarrollo de competencias comunicativas, la oferta y recepción de retroalimentaciones, la integración de conocimientos de diferentes disciplinas y la articulación entre teoría y práctica. En este tipo de dispositivos se incluyen talleres de integración, microclases, grupos de reflexión y tutorías individuales.

La metodología de trabajo al interior de una Comunidad de Práctica

La preocupación por las prácticas de enseñanza en el nivel medio y superior impulsa a generar otros dispositivos de formación como la "Comunidad de Aprendizaje", entendiendo por tal, más que un conjunto de estudiantes y docentes, un auténtico proyecto de aprendizaje colaborativo.

Es interesante pensar en dos aristas que pueden ser consideradas en el trabajo con las comunidades de aprendizaje. La primera tiene que ver con un proyecto ya internacionalizado y colectivizado, en relación con la necesidad de contar con una base de conocimientos profesionales en educación (Stigler y Hiebert, 2002), un corpus a construir cuyo inicio puede ubicarse a comienzos de la década de los noventa. La segunda se relaciona con alcanzar la anhelada articulación teoría-práctica, procurando para ello la construcción de vínculos más estrechos de colaboración entre las universidades o centros de formación inicial docente y las instituciones educativas como centros de práctica.

Esta nueva concepción, que incorpora el espacio intersubjetivo como el lugar por excelencia donde transcurre el proceso de aprendizaje, lleva a plantear que la adjudicación de sentido a la experiencia de aprendizaje no reside solamente en procesos cognitivos aislados, sino en los universos simbólicos compartidos.

En la concepción de Wenger (1998) la comunidad es entendida como la configuración social en la que el quehacer es definido como uno que merece la pena realizar y la participación se reconoce como importante para su realización. En este quehacer se construye una identidad, que se comunica en diversas formas discursivas y actuadas. Se comunica la forma en que el aprendizaje cambia a los sujetos y crea historias personales de cómo se llega a ser miembros de una determinada comunidad. En el entrecruzamiento de estas características aprender es hacer, aprender es experiencia cargada de significado (vivencia), aprender es pertenecer y aprender es hacerse (Rodríguez Arocho y Alom Alemán, 2009).

En ese sentido, este autor identifica tres dimensiones en las comunidades de práctica.

- La primera es el compromiso mutuo de los participantes. Sostiene que: "*...la práctica reside en una comunidad de gente y en las relaciones de compromiso mutuo por el cual hacen cualquier cosa que hagan.*" (Wenger, 1998, p.73).

- La segunda dimensión trasciende el compromiso y se refiere al esfuerzo conjunto. El compromiso debe resultar en actividad orientada hacia una meta, actividad de transformación. En esta actividad los agentes comparten la responsabilidad de su realización.

- La tercera dimensión se refiere al repertorio acumulado de discursos y acciones, marcando la historicidad en la producción de conocimiento. En palabras de Wenger: "*...las comunidades de práctica pueden pensarse como historias compartidas de aprendizaje.*" (Wenger, 1998, p. 87).

Este autor propone las comunidades de aprendizaje como contextos para la trasformación de conocimiento. Dado que en las comunidades de práctica la definición de competencias y la producción de experiencias llevan al aprendizaje periférico y la participación plena, se plantean como necesarios escenarios particulares en los que dichas competencias y experiencias resultan en transformaciones de conocimiento para prevenir el estancamiento y la reproducción acrítica.

A esos escenarios particulares les llama comunidades de aprendizaje (Wenger, 2001). Se trata de grupos de personas que comparten valores y creencias que orientan sus actividades a una meta cuyo logro depende de los aportes del colectivo. La formación y consolidación del grupo en el trayecto hacia la meta dará un sentido de comunidad que implicará conciencia de la pertenencia al grupo, influencias recíprocas, satisfacción de necesidades individuales y colectivas y vivencias compartidas que crean vínculos emocionales.

En la comunidad de aprendizaje el sentido de identidad se construye en el presente contexto de aprendizaje, pero incluyendo el pasado y el futuro en la trayectoria hacia la meta. Se considera fundamental reconocer y considerar las experiencias y conocimientos previos de los miembros de la comunidad. Al mismo tiempo, se promueve el compromiso con la construcción activa de un futuro (Rodríguez Arocho y Alom Alemán, 2009).

Esta forma de intervención sobre el escenario de formación de futuros profesores en Psicología enfatiza la importancia de desarrollar y construir "sentido" entre todos los actores, siendo la Universidad un espacio de aprendizaje y diálogo reflexivo entre pares y con el tutor. Cuando los futuros profesores en formación relatan y registran sus experiencias en el porfolio, y en las autobiografías, ponen de manifiesto dimensiones relativas a sus actos y valoraciones, haciendo conscientes sus creencias en el intercambio intersubjetivo propiciado.

La escritura y la interacción se presentan como procesos que, focalizados muchas veces en problemáticas aparentemente externas a los propios docentes, permiten el pasaje de una mirada diagnóstica inicial a un tipo de discernimiento profesional.

Para los futuros profesores, ser testigos de esta transformación de las miradas en profesores con años de ejercicio, puede resultar una ocasión de aprendizaje de una riqueza aún insospechada.

La reflexión sobre la práctica y el lugar de privilegio que ocupa la narrativa, inauguran en tanto situados en la implicación subjetiva, la autorrevisión crítica del propio proceso de formación, comprometiendo el desarrollo de la dimensión ético social del docente en términos de agente socializador, cambio y transformación social. Los relatos analizados promueven el reposicionamiento en relación con la centralidad que cobra el "encuentro" con otros, recuperando múltiples "sentidos" y "valores" sociales nodales en el trayecto formativo de docentes noveles.

El trabajo sistemático, realizado al interior de las comunidades de aprendizaje, en el marco del desarrollo profesional, posibilita evidenciar un valor agregado vinculado al mejoramiento de las propias prácticas.

El Tutor en su función de acompañamiento en la Práctica Docente

La acción tutorial constituye una herramienta de enorme valor para la enseñanza y puede resultar complicada desde el punto de vista de un profesor principiante ya que, dada su ilusión como principiante, pretende sacarle el máximo partido a pesar de las numerosas dificultades encontradas. En todos los niveles educativos la tutoría es una función necesaria (Fondón, Madero y Sarmiento, 2010).

La mayoría de los autores coinciden en los objetivos que persigue un programa de acompañamiento de profesores noveles:

- proporcionar información y apoyo en los períodos de transición de la formación inicial al trabajo;
- facilitar a los principiantes su incorporación a la profesión en general, y a un contexto profesional en particular;
- servir de alternativa real y cercana a las necesidades del docente novel;
- desarrollar procesos eficaces de aprendizaje para la adquisición de competencias que puedan ser transferidas a los distintos ámbitos del desarrollo (personal, social y profesional);
- proporcionarles orientación, asesoramiento y refuerzo centrados en el desarrollo de las competencias básicas para el desarrollo profesional;
- ayudarles a superar las exigencias o demandas del ejercicio de la profesión en un contexto concreto;
- facilitarles su desarrollo personal y social: mejorar la autoestima, promover las relaciones interpersonales y la participación; y
- desarrollar una mayor implicación, compromiso y colaboración entre los miembros de una institución educativa (Vélaz de Medrano Ureta, 2009).

La tutoría consiste en un proceso de acompañamiento en la tarea y la integración en el grupo e institución de referencia, y no en la mera actuación del mentor con respecto al profesor en formación inicial. Es una relación entre ambos, de reflexión compartida sobre problemas en los que ambos se ven inmersos e interpelados, un proceso de diálogo profesional en el que la mayor experiencia es el principal rasgo que configura el rol de tutor, aunque no sólo la experiencia. El tutor evalúa la situación del tutelado, le plantea problemas, evalúa su desempeño, y vuelve a plantear tareas para reforzar y extender el aprendizaje. Por ello la tutoría es una forma de acompañamiento y orientación más propia de la relación profesor/formador–estudiante (Vélaz de Medrano Ureta, 2009).

La acción tutorial no sólo es beneficiosa para el alumno, sino que también lo es para el propio profesor, al proporcionar una retroalimentación de la que se puede nutrir el docente para conocer sus carencias. En los espacios de tutoría se consigue algo más que aclarar dudas: conocer a los alumnos y que ellos conozcan a su profesor. Además de la solución a cuestiones y problemas, existe también una función de asesoramiento académico, ampliación de fuentes bibliográficas y orientación sobre perfiles laborales, entre otras. Es el lado más humano y amable de las tutorías (Vélaz de Medrano Ureta, 2009).

Es innegable que la Práctica Profesional Docente conforma un entramado en el que inciden múltiples factores y subjetividades, no siempre explícitos que obligan desde la acción consciente y reflexiva a observar de manera atenta la práctica propia y las otras prácticas.

Como explicita Paulo Freire:

> *Es imposible el estar siendo …*
> *sin una apertura a los diferentes y a las diferencias, con quienes y con los cuales siempre es probable que aprendamos.*
>
> *Freire, 1994, p. 115*

PARTE II

Investigación aplicada

CAPÍTULO 4

Afrontamiento de las Prácticas Docentes

Existe un vacío investigativo respecto de las prácticas docentes que realizan los profesores en formación y el Afrontamiento que hacen de las mismas. Tampoco se relevan investigaciones relativas a las competencias que se ponen en juego en el proceso de prácticas durante la formación docente inicial. Ello lleva a cuestionar cuál es el rol de las fortalezas personales y contextuales de los futuros profesores en el tiempo de su formación inicial y las competencias para el Afrontamiento de sus primeras prácticas.

Las prácticas docentes, entendidas como praxis social, objetiva e intencional en la que intervienen los significados, las percepciones y las acciones de los agentes implicados en el proceso, podrían asumir la forma de guía tutorial que optimice el proceso de enseñanza y de aprendizaje de los futuros profesores. Es necesario analizar el Afrontamiento que llevan los mismos a cabo, en el particular contexto educativo en el nivel superior, a fin de poder obtener un modelo integrativo que vincule la relación existente entre las prácticas docentes y las Competencias Socioemocionales puestas en juego en situación. Se propone así una investigación sobre este tema, con un Objetivo General y cuatro Objetivos Específicos.

Objetivos e Hipótesis de la investigación

- Objetivo General:
  - Evaluar la relación existente entre el Afrontamiento de las prácticas docentes y las Competencias Socioemocionales de los Estudiantes del Profesorado de Psicología en su formación como profesores.
- Objetivos Específicos :
  - **OE 1**: Analizar las respuestas de Afrontamiento movilizadas por los futuros profesores en proceso de formación, en el marco de sus prácticas docentes.
  - **OE 2**: Analizar las Competencias Socioemocionales de los futuros profesores en proceso de formación, en el marco de sus prácticas docentes.
  - **OE 3**: Categorizar las prácticas docentes y sus dimensiones en los futuros profesores que realizan sus prácticas en el Profesorado de Psicología.
  - **OE 4**: Analizar las asociaciones existentes entre las variables consideradas, en el marco del Afrontamiento de las prácticas docentes de los profesores de Psicología "en formación", que realizan sus prácticas en el Profesorado de Psicología.
- Hipótesis General:
  - La realización de prácticas docentes al interior de un dispositivo de formación docente, centrado en la colaboración, incide en el Afrontamiento de estas y en el desarrollo de Competencias Socioemocionales en Profesores en Psicología en formación que cursan el Profesorado en Psicología de la Universidad de Buenos Aires.
- Hipótesis Específicas:
  - Las respuestas de Afrontamiento movilizadas por los futuros profesores en el proceso de formación pueden analizarse en el marco de sus prácticas docentes.
  - Las Competencias Socioemocionales, específicas para el campo de la docencia, de los futuros profesores se despliegan en el proceso de formación en el marco de sus prácticas docentes.

- Las prácticas docentes pueden ser definidas y sus dimensiones caracterizadas por los futuros profesores en el marco de sus prácticas en el Profesorado de Psicología.
- Existen asociaciones entre las variables consideradas en la investigación y el Afrontamiento de las prácticas docentes de los futuros profesores de Psicología en formación que realizan sus prácticas en el Profesorado de Psicología.

Diseño de la investigación y metodología

Fundamentos de la elección metodológica

Esta es una investigación no experimental que se realiza sin manipular deliberadamente las variables independientes. Se basa en variables que ya ocurrieron o se dieron en la realidad sin la intervención directa de esta investigación. Dado que las prácticas docentes son un proceso que afrontan los profesores en formación y que se quiere abordar el desarrollo a lo largo de los diferentes momentos de su formación como profesores, es necesario tener un diseño metodológico que acompañe ese proceso.

Tipo de investigación y diseño

Se trata de un *diseño descriptivo longitudinal, cuasi-experimental antes-después (o pre-post).*

Un estudio *descriptivo* porque busca especificar las propiedades, las características y los perfiles importantes tanto de los profesores en formación como del contexto educacional a fin de categorizar las situaciones que los mismos deben afrontar en el proceso de enseñanza y aprendizaje.

Un estudio *longitudinal* analiza cambios a través del tiempo en determinadas variables o relaciones entre estas. Se trata de estudios que recaban datos en diferentes puntos, a través del tiempo, para realizar inferencias acerca del cambio, sus causas y sus efectos (Hernández Sampieri, Fernández Collado y Baptista Lucio, 2003).

Se trata de un diseño de evolución de grupo o estudio de cohorte y examina los cambios a través del tiempo de un grupo.

El diseño *cuasi-experimental antes-después (o pre-post)* es uno de los más frecuentes en la evaluación de intervenciones. Es necesario tener, como mínimo, una medida antes de la intervención y otra después de ella, y comparar el cambio observado en la variable resultado entre el grupo de intervención y el grupo de comparación. La diferencia observada entre ambos cambios correspondería al efecto de la intervención si los dos grupos fueran equivalentes.

Participantes

Para la realización de este estudio se ha contado con distintos grupos de participantes según el objetivo a trabajar. A continuación, se detallan las diferentes muestras:

1. Estudiantes de Profesorado de Psicología.

   Se seleccionó para el presente estudio una muestra intencional de estudiantes del Profesorado de Psicología en formación inicial o continua, de ambos sexos, que realizaron prácticas docentes en el nivel superior.

   Criterios de inclusión: ser estudiantes en el Profesorado de Psicología y estar realizando prácticas docentes.

   Criterios de exclusión: no debe observarse psicopatología, no tener deterioro cognitivo grave y no encontrarse en tratamiento psiquiátrico al momento de realizar las prácticas docentes.

   La muestra estuvo constituida por 173 "profesores de psicología en formación" que cursan el Profesorado de Psicología de la Facultad de Psicología de la Universidad de Buenos Aires. (En lo sucesivo "Estudiantes").

2. Estudiantes avanzados de Licenciatura de Psicología.

   Se administró la prueba referida a Competencias Socioemocionales a una muestra de Estudiantes de la Licenciatura en Psicología a los efectos de la comparación requerida para el cumplimiento de uno de los objetivos de esta investigación. Estuvo conformada por 173 estudiantes homologados por género y edad.

3. Tutores de Prácticas.

   Esta muestra estuvo constituida por 22 profesores tutores de Prácticas Docentes del Profesorado de Psicología, que se desempeñan a cargo de comisiones de trabajos prácticos. (En lo sucesivo "Tutores o Tutores de Prácticas").

   Los profesores tutores son Licenciados en Psicología y Profesores en Psicología para el Nivel Medio y Superior, egresados de la Facultad de Psicología de la Universidad de Buenos Aires. Todos tienen experiencia docente y dictan clases en el nivel superior.

   Todos ellos prestaron su voluntaria participación, previa notificación de los objetivos de la investigación.

4. Población general.

   Se administró la prueba referida a Competencias Socioemocionales a una muestra de población general a los efectos de la comparación requerida para el cumplimiento de uno de los objetivos de esta investigación. Estuvo conformada por 173 sujetos homologados por género y edad.

Nota: El trabajo de recolección de datos comenzó con una población de 206 estudiantes de Profesorado de Psicología. Solo 173 de ellos completaron el conjunto completo de pruebas planificadas, las que permiten obtener información *pre-post* a las Prácticas Docentes desarrollas por los mismos. Para las muestras de estudiantes avanzados de Licenciatura de Psicología y población general se eligieron conjuntos concordantes al primero, en cantidad, edad y género.

Caracterización de las muestras

En la Tabla 4.1 se caracterizan de las muestras de:

Estudiantes del Profesorado de Psicología de la Facultad de Psicología de la Universidad de Buenos Aires, "profesores de psicología en formación", (N = 173, edad media de 31.7 años, SD = 6.4). Como se puede observar hay una mayoría de mujeres y la mitad de los Estudiantes tiene alguna experiencia docente previa.

Tabla 4.1 *Caracterización de la muestra de* **Estudiantes**, *"profesores de psicología en formación", que cursan el Profesorado de Psicología de la Facultad de Psicología de la Universidad de Buenos Aires,* ($N = 173$, *edad media de 31.7 años,* $SD = 6.4$); *y de la muestra de* **Tutores de Prácticas**, *todos docentes del Profesorado de Psicología a cargo de comisiones de trabajos prácticos. Los profesores tutores son Licenciados en Psicología y Profesores en Psicología para el Nivel Medio y Superior, egresados de la Facultad de Psicología de la Universidad de Buenos Aires. Todos tienen experiencia docente previa.* ($N = 22$, *edad media de 45.0 años,* $SD = 7.8$).
s/d: sin datos.

	Estudiantes de Profesorado ($N = 173$)	Tutores de Prácticas ($N = 22$)
Género		
hombres	14%	9%
mujeres	86%	91%
Edad		
20–30 años	52%	0%
31–40 años	39%	41%
41–50 años	6%	36%
51–60 años	3%	23%
Estado Civil		
soltero/a	77%	s/d
casado/a	17%	s/d
divorciado/a	2%	s/d
en pareja	4%	s/d
Experiencia docente previa		
sin experiencia previa	49%	0%
menos de un año	7%	0%
1 a 5 años	34%	} 59%
6 a 10 años	6%	
11 a 20 años	3%	23%
más de 20 años	1%	18%
Experiencia docente adicional		
nivel medio	no	70%
nivel primario	no	20%
ámbito no formal	no	10%

Tutores de Prácticas del Profesorado de Psicología, a cargo de comisiones de trabajos prácticos. (*N* = 22, edad media de 45.0 años, *SD* = 7.8). En este caso hay una mayor proporción de mujeres que en la muestra de Estudiantes. Ahora, obviamente, todos cuentan con experiencia docente previa, no solo en el nivel superior. También en los niveles medio, primario y en el ámbito no formal.

Todos los estudiantes de Profesorado de Psicología que formaron parte de la muestra cursaban la misma asignatura anual del último año de la carrera, en el año 2016. Los tutores de prácticas lo eran de la misma materia, a cargo de comisiones de trabajos prácticos que integraban los estudiantes de la muestra.

Instrumentos de recolección de datos

Para la recolección de los datos que se requieren para esta investigación se utilizaron como instrumentos una entrevista y tres inventarios, diseñados y/o adaptados para esta investigación:

- **Entrevista Estructurada para la Evaluación de las Prácticas Docentes en Profesores (EPDP).**

  Autoras: Dra. Isabel María Mikulic y Livia García Labandal (2015).

  Se construyó un instrumento para evaluar las prácticas docentes en profesores en formación. Para ello se realizó la adaptación de la entrevista Evaluación de las Prácticas Docentes (EPD, Dra. Isabel María Mikulic y Livia García Labandal, 2008) la que permitió recolectar datos centrados en 6 dimensiones de las prácticas docentes: Personal, Interpersonal, Institucional, Social, Didáctica y Axiológica.

  Consta de seis escalas con 49 ítems. El objetivo de esa técnica fue el de evaluar las prácticas docentes, considerando las percepciones que los docentes aportan sobre sus prácticas pedagógicas y su relación con los estudiantes en el proceso de enseñanza y de aprendizaje.

  Este instrumento recolecta datos centrados en 3 dimensiones de las prácticas docentes: Personal, Didáctica y Axiológica.

- **Inventario de Respuestas de Afrontamiento (CRI).**

  Autor: Rudolf H. Moos (1993). Traducción y Adaptación: Dra. Isabel María Mikulic (2007); Mikulic y Crespi (2008).

  Variable evaluada: respuestas de Afrontamiento a través de 48 ítems. Nueva Adaptación: Dra. Isabel María Mikulic y Livia García Labandal (2015).

  Objetivo de la prueba: Evaluación de los diferentes tipos de repuestas de Afrontamiento ante situaciones estresantes de la vida, combinando dos dimensiones: el foco del Afrontamiento (focalizado en el problema o focalizado en la emoción) y el método del Afrontamiento (cognitivo o conductual). Incluye la medición de cuatro estrategias de Afrontamiento de aproximación: Análisis Lógico, Reevaluación Positiva, Búsqueda de Apoyo e Información y acciones tomadas para la Resolución de Problemas; y cuatro estrategias de evitación: Evitación Cognitiva, Aceptación o Resignación, Búsqueda de Gratificaciones Alternativas y Descarga Emocional. Ver la Tabla 4.2.

Tabla 4.2 *Estrategias de de Afrontamiento (Mikulic y Crespi, 2008).*

	Respuestas de Aproximación	Respuestas de Evitación
Cognitivo/ Conductual	1. Análisis Lógico 2. Revalorización Positiva 3. Búsqueda de Orientación y Apoyo 4. Resolución de Problemas	5. Evitación Cognitiva 6. Aceptación/Resignación 7. Búsqueda de Gratificaciones Alternativas 8. Descarga Emocional

El instrumento presenta las siguientes características psicométricas:

Validez: Presenta un coeficiente Alfa de 0.73, $p < 0,001$ lo que indica una validez adecuada.

Confiabilidad: Por la naturaleza inestable de la variable y su carácter situacional no es posible someter al Afrontamiento a las técnicas comúnmente utilizadas en la Teoría Clásica de los Test para probar su confiabilidad.

- **Inventario de Competencias Socioemocionales (ICSE).**

  Autora: Dra. Isabel María Mikulic (2013).

  Es un instrumento compuesto por 72 ítems, con 5 opciones de respuesta en escala tipo que van de 1 *(desacuerdo)* a 5 *(acuerdo)*.

  Fue diseñado con el fin de evaluar el nivel de Competencias Socioemocionales en individuos mayores de 18 años, cubriendo un vacío observado en la literatura internacional especializada en el tema. A partir del mismo se evalúan nueve Competencias Socioemocionales: asertividad, autonomía, regulación emocional, comportamiento prosocial, empatía, conciencia emocional, comunicación expresiva, optimismo y autoeficacia.

  Se han obtenido evidencias favorables acerca de la validez de constructo, de contenido y concurrente del Inventario. El ICSE correlaciona en forma positiva y significativa con el Inventario de Cociente Emocional (Bar-On, 1993; adaptación Dupertuis y Moreno,1997), la Escala de Autoeficacia General (Jerusalem y Schwarzer, 1992; Adaptación Brenlla, 2010) y la Escala de Conducta Prosocial (Caprara y Pastorelli 1993; adaptación Regner y Vignale, 2009).

  Para evaluar la confiabilidad del Inventario durante su construcción y validación se realizó el análisis de consistencia interna (coeficiente Alpha de Cronbach) de cada una de las escalas que lo conforman.

  El instrumento demostró poseer una adecuada consistencia interna, los coeficientes Alpha de las distintas dimensiones varían entre .74 y .86 (Mikulic, et al., 2013; Mikulic, Crespi, y Radusky, 2015).

  El ICSE representa un aporte valioso para el estudio de las competencias socioemocionales, dada la carencia de instrumentos en el campo de la Evaluación Psicológica y de la Evaluación de Programas de Intervención.

- **Inventario Balanceado de Respuesta Deseable-Versión 7 (BIDR).** Balanced Inventory of Desirable Responding Version 7, 1999.

  Autor: D. L. Paulhus, (1999); Adaptación para su uso en población argentina de Mikulic, Crespi, y Caballero, 2016.

Se define la *deseabilidad social* como la tendencia del individuo a adjudicarse características positivas y rechazar propiedades negativas, con el fin de proyectar una imagen favorable de sí mismo, sea o no de manera intencionada, que se utilizan para lograr la aceptación de aquellos a los que interesa agradar, o con quienes se desea tener una relación importante y con un fin determinado.

El objetivo de la prueba es la evaluación de dos factores de la deseabilidad social: *el autoengaño* y *el manejo de la impresión.*

Consta de 40 ítems redactados como proposiciones afirmativas, la mitad en sentido del rasgo y la otra mitad en sentido opuesto (inversos). Se responden según una escala tipo Likert que va de 1 —nada de acuerdo— a 7 —totalmente de acuerdo—.

El autoengaño es la tendencia inconsciente a exagerar las propias cualidades positivas.

Los ítems del factor de autoengaño corresponden del 1 al 20 —los impares son directos o atribución de cualidad y los pares son inverso o negación de defectos—.

El manejo de la impresión es la tendencia consciente a exagerar las propias cualidades positivas.

Los ítems del factor de manejo de la impresión corresponden del 21 al 40 —los pares son directos o atribución de cualidades y los impares son inversos o negación de defectos—.

Se ha encontrado consistencia interna según el Alfa de Cronbach, el que varía de .68 a .80 para la escala de autoengaño; de .75 a .86 para la escala de manejo de impresión, y de .81 a .85 para los 40 ítems (Paulhus y Reid, 1991).

Procedimiento para la recolección de datos

Se realizó la administración de la batería de instrumentos antes descripta en el siguiente orden:

1. Entrevista Estructurada para la Evaluación de las Prácticas Docentes en Profesores (EPDP).

2. Inventario de Respuestas de Afrontamiento (CRI).
3. Inventario de Competencias Socioemocionales (ICSE).
4. Inventario Balanceado de Respuesta Deseable. (BIDR).

La toma de los cuatro instrumentos a los Estudiantes y Tutores de Práctica se realizó al inicio de la cursada y al final de misma (abril y noviembre de 2016).

Las muestras de población general y estudiantes avanzados de la carrera de Psicología se tomaron ese mismo año.

Procesamiento y análisis de los datos

Cada uno de los instrumentos de evaluación psicológica tuvo un programa dedicado para el ingreso de datos por computadora. También se elaboraron programas *ad hoc* para el procesamiento de los datos finales para realizar el tratamiento estadístico correspondiente. Los programas de ingreso de datos incluyeron medidas de consistencia interna que aseguraron la calidad de la información y minimizaron los errores debidos a la entrada de datos.

Para análisis estadístico de los datos obtenidos se utilizaron las siguientes metodologías:

1. Se realizó un análisis descriptivo–exploratorio de cada una de las variables consideradas en el estudio. Este análisis consistió en el cálculo de resúmenes numéricos y la obtención de gráficos de las distribuciones en la muestra, en cada uno de los grupos que se compararon.
2. Se realizaron comparaciones inter–grupos de las variables estrategias de Afrontamiento, Competencias Socioemocionales, de factores personales, contextuales, de riesgo/protección, utilizando diversos métodos de análisis de la varianza, paramétricos y no paramétricos.

Dado que los instrumentos de evaluación psicológicos utilizados en la presente investigación no cuentan con subescalas de validez internas a la prueba, se consideró la necesidad de analizar dicha propiedad psicométrica a través de la incorporación de un inventario de Deseabilidad Social a la batería de pruebas.

En el Apéndice III se define la nomenclatura de las variables y la terminología utilizada en los capítulos que siguen.

CAPÍTULO 5

Resultados de la investigación

EN ESTE CAPITULO se expondrán los datos obtenidos según los procedimientos de recolección los mismos, delineados en el capítulo anterior, y los resultados obtenidos del análisis de esos datos en el marco de los cuatro objetivos específicos que se propusieron para esta investigación.

Respuestas de Afrontamiento de los Estudiantes de Profesorado —"profesores en formación"— (OE 1)

En relación con el *primer objetivo específico* de la investigación, que se propone analizar las respuestas de Afrontamiento proporcionadas por los Estudiantes en su proceso de formación como Profesores de Psicología, en el marco de sus Prácticas Docentes, se presentarán los resultados obtenidos al evaluar las respuestas de Afrontamiento de los Estudiantes mediante el Inventario de Respuestas de Afrontamiento (CRI).

En esta investigación en particular se tuvieron en cuenta los esfuerzos cognitivos y conductuales implicados en el pasaje por las prácticas docentes, que impactan al profesor en formación y lo encuentran con pocas estrategias didácticas para atravesar las prácticas.

La consigna que se les entregó fue pensar en el problema más importante o angustiante sucedido en el marco de las Prácticas Docentes durante el desarrollo de las clases el nivel superior y medio. Es por ello por lo que los problemas percibidos están en relación con el ejercicio de la profesión docente en el espacio de formación bajo la supervisión de un profesor Tutor. Los Estudiantes perciben la situación estresante en el desempeño de las Prácticas Docentes y realizan una enumeración de diversas problemáticas. Estas luego fueron objeto de clasificación, categorización y análisis.

Desde el modelo teórico seleccionado, lo percibido y lo real son igualmente importantes.

*Afrontamiento en Estudiantes de Profesorado al **inicio** y al **finalizar** de las Prácticas Docentes*

Tabla 5.1 *Estrategias de de Afrontamiento (Mikulic y Crespi, 2008).*

	Respuestas de Aproximación	Respuestas de Evitación
Cognitivo/ Conductual	1. Análisis Lógico 2. Revalorización Positiva 3. Búsqueda de Orientación y Apoyo 4. Resolución de Problemas	5. Evitación Cognitiva 6. Aceptación/Resignación 7. Búsqueda de Gratificaciones Alternativas 8. Descarga Emocional

Al evaluar el patrón de respuestas de Afrontamiento de los Estudiantes veremos que se ha podido observar que hay un predominio de respuestas de aproximación, como el Análisis Lógico y la Resolución de Problemas, por sobre las respuestas de evitación. Los valores más bajos pueden observarse en Aceptación o Resignación y Descarga Emocional. que son respuestas de evitación, —siguiendo la clasificación de la Tabla 5.1—.

*Comparación —según Género— en el Afrontamiento al **inicio** y al **finalizar** las Prácticas Docentes*

No se encontraron diferencias significativas, según género, en el patrón de respuestas de Afrontamiento de los Estudiantes ni al inicio ni al final de las Prácticas Docentes. (Tablas 5.2 y 5.3).

Tabla 5.2 *Comparación, según Género, de las Respuestas de Afrontamiento de Estudiantes al **iniciar** las Prácticas Docentes.*
($\overline{M}$: valor medio, SD: desviación estándar, VE: valores estadísticos)

Variables	Hombres		Mujeres		VE	
	$\overline{M}$	*SD*	$\overline{M}$	*SD*	*U*	*p*
Análisis Lógico	17.8	3.4	18.1	4.1	-0.3	0.7
Revalorización Positiva	15.7	3.0	15.2	3.6	0.6	0.6
Búsqueda de Apoyo y Orientación	17.0	4.3	16.6	4.6	0.5	0.6
Resolución de Problemas	18.4	3.3	17.6	3.4	1.1	0.3
Evitación Cognitiva	10.7	2.4	11.7	3.7	-1.3	0.2
Aceptación o Resignación	9.9	3.2	10.7	3.1	-1.2	0.2
Búsqueda de Gratificaciones Alternativas	14.3	4.4	14.5	3.6	-0.3	0.8
Descarga Emocional	10.7	3.5	11.1	3.6	-0.5	0.6

Tabla 5.3 *Comparación, según Género, de las Respuestas de Afrontamiento de Estudiantes al **finalizar** las Prácticas Docentes.*
($\overline{M}$: valor medio, SD: desviación estándar, VE: valores estadísticos)

Variables	Hombres		Mujeres		VE	
	$\overline{M}$	*SD*	$\overline{M}$	*SD*	*U*	*p*
Análisis Lógico	16.4	4.7	16.6	3.8	-0.2	0.8
Revalorización Positiva	14.4	3.6	14.9	3.8	-0.6	0.6
Búsqueda de Apoyo y Orientación	14.7	5.3	14.6	4.3	0.1	0.9
Resolución de Problemas	16.8	3.7	17.0	3.7	-0.3	0.8
Evitación Cognitiva	11.1	3.3	10.5	3.3	0.6	0.5
Aceptación o Resignación	9.9	4.0	10.6	3.6	-0.8	0.4
Búsqueda de Gratificaciones Alternativas	13.0	3.8	13.4	4.2	-0.4	0.7
Descarga Emocional	10.2	3.0	10.2	3.4	0.0	1.0

*Comparación —según Experiencia Docente previa— en el Afrontamiento al **iniciar** y al **finalizar** las Prácticas Docentes*

No se encontraron diferencias significativas en el patrón de respuestas de Afrontamiento, según la presencia o no de experiencia docente previa de los Estudiantes, ni al inicio ni al final de las Prácticas docentes. (Tablas 5.4 y 5.5).

Tabla 5.4 *Comparación, según Experiencia Docente previa, de las Respuestas de Afrontamiento de Estudiantes al **iniciar** las Prácticas Docentes. ($\overline{M}$: valor medio, SD: desviación estándar, VE: valores estadísticos)*

Variables	Hombres		Mujeres		VE	
	$\overline{M}$	*SD*	$\overline{M}$	*SD*	*U*	*p*
Análisis Lógico	17.6	3.7	18.6	4.2	-1.6	0.1
Revalorización Positiva	15.1	3.5	15.5	3.5	-0.8	0.5
Búsqueda de Apoyo y Orientación	16.6	4.6	16.7	4.5	-0.1	0.9
Resolución de Problemas	17.6	3.5	17.8	3.3	-0.3	0.7
Evitación Cognitiva	11.5	3.6	11.6	3.6	-0.1	0.9
Aceptación o Resignación	10.7	3.1	10.5	3.1	0.3	0.8
Búsqueda de Gratificaciones Alternativas	14.5	3.9	14.6	3.5	-0.2	0.9
Descarga Emocional	11.0	3.6	11.2	3.6	-0.3	0.7

Tabla 5.5 *Comparación, según Experiencia Docente previa, de las Respuestas de Afrontamiento de Estudiantes al **finalizar** las Prácticas Docentes. ($\overline{M}$: valor medio, SD: desviación estándar, VE: valores estadísticos)*

Variables	Hombres		Mujeres		VE	
	$\overline{M}$	*SD*	$\overline{M}$	*SD*	*U*	*p*
Análisis Lógico	16.8	3.8	16.4	4.1	0.7	0.5
Revalorización Positiva	14.6	3.8	15.0	3.8	-0.5	0.6
Búsqueda de Apoyo y Orientación	14.6	4.5	14.5	4.3	0.2	0.8
Resolución de Problemas	17.1	3.7	16.9	3.7	0.3	0.8
Evitación Cognitiva	10.9	3.4	10.3	3.2	1.1	0.3
Aceptación o Resignación	10.7	3.6	10.3	3.7	0.7	0.5
Búsqueda de Gratificaciones Alternativas	13.3	4.2	13.4	4.1	-0.2	0.9
Descarga Emocional	10.0	3.3	10.4	3.5	-0.7	0.5

Comparación del Afrontamiento en Estudiantes, ***iniciar*** *y al* ***finalizar*** *de las Prácticas Docentes*

Al analizar el perfil de respuestas de Afrontamiento implementadas por los Estudiantes de Profesorado se advierten diferencias significativas, entre el inicio y finalización de las Prácticas Docentes, en las respuestas de Análisis Lógico, Búsqueda de Apoyo y Orientación, Evitación Cognitiva, Búsqueda de Gratificaciones Alternativas y Descarga Emocional.

Como es posible apreciar en las Tablas 5.6 y 5.7, tanto al inicio como a la finalización de las Prácticas Docentes los Estudiantes utilizan en mayor medida las respuestas de aproximación por sobre las respuestas de evitación.

Tabla 5.6 *Afrontamiento en Estudiantes, "profesores en formación", al* ***inicio*** *y a la* ***finalización*** *de sus Prácticas Docentes.*
(N = 173, $\overline{M}$: *valor medio, SD: desviación estándar)*

Variables	inicio		finalización	
	$\overline{M}$	*SD*	$\overline{M}$	*SD*
Análisis Lógico	17.9	4.1	16.6	4.0
Revalorización Positiva	15.3	3.6	14.8	3.6
Búsqueda de Apoyo y Orientación	16.3	4.6	14.8	4.6
Resolución de Problemas	17.6	3.4	17.1	3.7
Evitación Cognitiva	11.4	3.7	10.5	3.7
Aceptación o Resignación	10.6	3.1	10.4	3.1
Búsqueda de Gratificaciones Alternativas	14.4	3.6	13.3	3.5
Descarga Emocional	11.0	3.6	10.2	3.7

Tabla 5.7 *Comparación de las Respuestas de Afrontamiento de Estudiantes, al* ***iniciar*** *y al* ***finalizar*** *las Prácticas Docentes. Se muestra* $\overline{M}$. (N = 173)

Respuestas de Afrontamiento de Estudiantes	inicio	finalización
Análisis Lógico	(18.1)	(16.6)
Revalorización Positiva	(15.3)	(14.8)
Búsqueda de Apoyo y Orientación	(16.7)	(14.6)
Resolución de Problemas	(17.7)	(17.0)
Evitación Cognitiva	(11.5)	(10.6)
Aceptación o Resignación	(10.6)	(10.5)
Búsqueda de Gratificaciones Alternativas	(14.5)	(13.3)
Descarga Emocional	(11.1)	(10.2)

Problemas referidos por los Estudiantes

En las entrevistas realizadas se evidencia que el 92% refiere a problemas vividos en su experiencia como docentes y el 8% refiere a los vivenciados como estudiantes.

Tabla 5.8 *Problemas referidos por los Estudiantes, "profesores en formación", al* ***inicio*** *y* ***finalización*** *de las Prácticas Docentes.* (N = 173)

Problemas manifestados por los Estudiantes	inicio	finalización
Con estudiantes	(38%)	(46%)
Con colegas	(30%)	(24%)
En las clases	(15%)	(14%)
Institucionales	(8%)	(8%)
Con autoridades	(4%)	(2%)
Sin problemas	(5%)	(6%)

Sobre su experiencia como docentes —al inicio sus Prácticas Docentes—, una parte muy importante de los Estudiantes entrevistados (38%) se refiere la falta de motivación e interés de los estudiantes respecto a su participación en las actividades de las clases, agresiones entre alumnos, ausentismo o llegadas tarde, problemas de salud o familiares, la relación entre pares y problemas de aprendizaje. (Tabla 5.8).

Otros entrevistados (30%) adjudicaron situaciones de maltrato y dificultades con los colegas y un tercer grupo (15%) relata como los problemas más importante aquellos relacionados con las clases, por la planificación de las mismas y con la evaluación. Unos pocos (8%) refirieron cuestiones institucionales, en la relación con otros equipos intervinientes o en la integración de alumnos; otros (5%) no hacen referencia a problemas registrados relacionados con las prácticas y finalmente algunos (4%) explicitan haber tenido problemas con autoridades o equipos de gestión, por metodologías de trabajo o por diferencia en los criterios de actuación (Tabla 5.8).

Al finalizar las Prácticas Docentes, una parte muy importante de los entrevistados (46%) señaló problemas con estudiantes, entre los que aparecen muy marcadamente la falta de motivación y participación en las actividades propuestas, el fracaso escolar, el ausentismo, la autoagresión, la agresión entre pares y a veces con el docente, a problemas personales y de salud y aquello que tiene que ver con el contexto de procedencia de gran vulnerabilidad social.

Otros entrevistados (24%) da cuenta de problemas con colegas por desacuerdos, maltrato entre pares y con los alumnos, y por clases monótonas. Un tercer grupo (14%) relata cuestiones referidas a las clases en relación con el diseño de la planificación, las estrategias seleccionadas, los recursos didácticos, la imposibilidad de responder a preguntas y las evaluaciones. Solo el 8% se refirió a cuestiones institucionales relacionadas con la articulación en el trabajo con equipos intervinientes o por la integración de alumnos que presentan dificultades o con representantes legales o personal administrativo. Por último, un escaso numero (6%) no hace referencia a problemas registrados relacionados con las prácticas y en cambio señalan problemas con autoridades o directivos de las instituciones educativas, en relación con el sostén de posturas rígidas o desacuerdos respecto de las intervenciones docentes (2%). Ver la Tabla 5.8.

Respuestas de Afrontamiento de los Tutores de Práctica

Tabla 5.9 *Afrontamiento de los Tutores de Prácticas.*
(N = 22, $\overline{M}$: valor medio, SD: desviación estándar)

Variables	$\overline{M}$	SD
Análisis Lógico	18.0	2.9
Revalorización Positiva	14.4	3.6
Búsqueda de Apoyo y Orientación	17.1	4.6
Resolución de Problemas	18.6	4.0
Evitación Cognitiva	10.4	2.2
Aceptación o Resignación	10.3	2.7
Búsqueda de Gratificaciones Alternativas	13.3	3.6
Descarga Emocional	10.5	3.7

Las respuestas de Afrontamiento de los Tutores de Prácticas presentan las características que se muestran en la Tabla 5.9.

En el patrón de respuestas de Afrontamiento producido por los participantes en esta muestra hay un predominio de respuestas de aproximación, como son la Resolución de Problemas y el Análisis Lógico Los valores más bajos pueden observarse en Aceptación o Resignación, Descarga Emocional y Evitación Cognitiva que son respuestas de evitación.

Problemas referidos por los Tutores de Prácticas

En el análisis de datos respecto de los problemas con los que se encontraron en el ejercicio de su práctica docente, los profesores tutores, 22 participantes, refieren dos tipos de problemas: con alumnos (77%) y con profesores colegas (23%) (Tabla 5.10).

La mayoría refieren tener problemas con colegas respecto de los criterios compartidos (60%) y en menor medida respecto de la falta de compromiso que perciben en sus tareas (20%) y en compartir valores (20%).

En relación con los problemas respecto de los alumnos en su mayoría señalan las evaluaciones (47%); dispositivos de trabajo implementados en el desarrollo de las clases (17%); agresiones y maltrato entre alumnos que conllevan a una intervención por parte del docente (12%) y por muerte de alumnos (12%). Una minoría señala la falta de motivación e interés respecto de las actividades propuestas (6%) y problemas relacionales de los alumnos con otros profesores (6%).

Tabla 5.10 *Problemas referidos por profesores que son Tutores de Prácticas, en ejercicio de su propia práctica docente. El 77% dice haberlos tenido mayormente con alumnos y el 23% con profesores colegas.* ($N = 22$)

Problemas manifestados por Tutores.			
Con alumnos	77%	Evaluaciones	47%
		Dispositivos implementados	17%
		Agresiones entre alumnos	12%
		Fallecimiento	12%
		Motivación	6%
		Relacionales	6%
Con colegas	23%	Criterios	60%
		Compromiso	20%
		Valores	20%

Competencias Socioemocionales de Estudiantes (OE 2)

En respuesta al *segundo objetivo específico*, que se proponía analizar las Competencias Socioemocionales percibidas por Estudiantes en su proceso de formación como Profesores de Psicología en el marco de sus Prácticas Docentes, se presentan los resultados obtenidos al evaluar las Competencias Socioemocionales de los Estudiantes de profesorado mediante el Inventario de Competencias Socioemocionales (ICSE). Complementariamente se presentarán los resultados sobre las Competencias Socioemocionales en Tutores de Prácticas Docentes del Profesorado de Psicología.

Las Competencias Socioemocionales de los Estudiantes se analizaron al iniciar y al finalizar sus Prácticas Docentes.

Entre las Competencias Socioemocionales percibidas por los Estudiantes al inicio de las Prácticas Docentes que se visualizan con valores medios más altos son las competencias de Conciencia Emocional, Comportamiento

Prosocial y Autoeficacia. Las competencias percibidas con valores más bajos son Regulación Emocional, Asertividad y Comunicación Expresiva (Tabla 5.11).

Tabla 5.11 *Competencias Socioemocionales de Estudiantes al* ***iniciar*** *sus Prácticas Docentes.* (N = 173)

Variables	Mínimo	Máximo	$\overline{M}$	SD
Optimismo	1.7	5.0	3.9	0.8
Conciencia Emocional	2.4	5.0	4.3	0.6
Autoeficacia	1.5	5.0	3.9	0.6
Asertividad	1.3	5.0	3.6	0.7
Comunicación Expresiva	2.0	5.0	3.7	0.7
Regulación Emocional	1.3	5.0	3.5	0.7
Comportamiento Prosocial	2.3	5.0	4.0	0.6
Autonomía	1.8	5.0	3.7	0.6
Empatía	2.0	5.0	3.8	0.6

Tabla 5.12 *Competencias Socioemocionales de Estudiantes al* ***finalizar*** *las Prácticas Docentes.* (N = 173)

Variables	Mínimo	Máximo	$\overline{M}$	SD
Optimismo	1.9	5.0	4.0	0.7
Conciencia Emocional	2.1	5.0	4.2	0.6
Autoeficacia	1.9	5.0	3.9	0.7
Asertividad	1.2	5.0	3.6	0.7
Comunicación Expresiva	2.0	5.0	3.7	0.7
Regulación Emocional	1.4	5.0	3.6	0.7
Comportamiento Prosocial	2.5	5.0	4.0	0.5
Autonomía	2.0	5.0	3.8	0.6
Empatía	1.5	5.0	3.8	0.6

Al finalizar las Prácticas Docentes se visualizan con valores medios más altos las competencias de Conciencia Emocional, Comportamiento Prosocial y Optimismo Las competencias percibidas con valores más bajos son Regulación Emocional, Asertividad y Comunicación Expresiva (Tabla 5.12).

*Comparación de las Competencias Socioemocionales en Estudiantes al **inicio** y al **finalizar** de las Prácticas Docentes*

Al comparar las Competencias Socioemocionales percibidas por los Estudiantes, entre el inicio y finalización de las Prácticas Docentes, se advierten diferencias significativas en las competencias de Asertividad y Regulación Emocional. Como se aprecia en la Tabla 5.13 los valores medios en tales competencias tienden a ser más elevados en el período de finalización.

Tabla 5.13 *Comparación de Competencias Socioemocionales de Estudiantes al **iniciar** y al **finalizar** las Prácticas Docentes. Se muestra $\overline{M}$. (N = 173)*

Competencias Socioemocionales de Estudiantes	inicio	finalización
Optimismo	(3.9)	(4.0)
Conciencia Emocional	(4.3)	(4.2)
Autoeficacia	(3.9)	(3.9)
Asertividad	(3.6)	(3.6)
Comunicación Expresiva	(3.7)	(3.7)
Regulación Emocional	(3.5)	(3.6)
Comportamiento Prosocial	(4.0)	(4.0)
Autonomía	(3.7)	(3.8)
Empatía	(3.8)	(3.8)

Análisis de las Competencias Socioemocionales, según Género

Al realizar la comparación de las Competencias Socioemocionales según Género, puede observarse que hay diferencias significativas en Conciencia Emocional, Comunicación Expresiva y Regulación Emocional (Tabla 5.14).

Al inicio de las Prácticas Docentes las mujeres presentan niveles más altos en las competencias de Conciencia Emocional y Comunicación Expresiva, mientras que los hombres registran niveles más altos de Regulación Emocional.

Al finalizar las Prácticas Docentes no se observan, según Género, diferencias significativas en las Competencias Socioemocionales (Tabla 5.15).

Tabla 5.14 *Comparación, según Género, de las Competencias Socioemocionales de Estudiantes al* ***iniciar*** *sus Prácticas Docentes.* *($\overline{M}$: valor medio, SD: desviación estándar, VE: valores estadísticos)*

Variables	Hombres		Mujeres		VE	
	$\overline{M}$	SD	$\overline{M}$	SD	U	p
Optimismo	3.9	0.8	4.0	0.8	0.1	0.9
Conciencia Emocional	4.0	0.6	4.4	0.5	-3.2	0.0
Autoeficacia	3.9	0.6	3.9	0.7	0.3	0.7
Asertividad	3.6	0.5	3.6	0.8	0.5	0.6
Comunicación Expresiva	3.4	0.7	3.7	0.7	-2.1	0.0
Regulación Emocional	3.8	0.5	3.4	0.7	2.2	0.0
Comportamiento Prosocial	3.8	0.6	4.0	0.6	-1.9	0.1
Autonomía	3.8	0.5	3.7	0.6	0.7	0.5
Empatía	3.9	0.6	3.8	0.6	1.1	0.3

Tabla 5.15 *Comparación, según Género, de las Competencias Socioemocionales de Estudiantes al* ***finalizar*** *las Prácticas Docentes.* *($\overline{M}$: valor medio, SD: desviación estándar, VE: valores estadísticos)*

Variables	Hombres		Mujeres		VE	
	$\overline{M}$	SD	$\overline{M}$	SD	U	p
Optimismo	3.9	0.8	3.9	0.7	-0.2	0.8
Conciencia Emocional	4.0	0.5	4.4	0.5	-0.5	0.6
Autoeficacia	3.9	0.6	3.9	0.6	0.3	0.7
Asertividad	3.6	0.5	3.5	0.8	0.3	0.7
Comunicación Expresiva	3.4	0.6	3.8	0.7	-1.6	0.1
Regulación Emocional	3.7	0.6	3.3	0.6	0.9	0.4
Comportamiento Prosocial	3.8	0.6	4.0	0.6	-0.8	0.4
Autonomía	3.8	0.5	3.5	0.6	1.4	0.2
Empatía	3.9	0.6	3.6	0.6	0.8	0.4

Análisis de las Competencias Socioemocionales, según Experiencia docente

En la percepción que los futuros profesores tienen de sus Competencias Socioemocionales no se advierten diferencias significativas según su experiencia docente previa. Los docentes con mayor cantidad de años de experiencia en el ejercicio de la docencia y los que no tienen aún experiencia docente perciben ambos que tienen un alto nivel de Competencias Socioemocionales (Tablas 5.16 y 5.17).

Tabla 5.16 *Competencias Socioemocionales de Estudiantes al* ***iniciar*** *las Prácticas Docentes, según Experiencia Docente previa.*
($\overline{M}$: valor medio, SD: desviación estándar, VE: valores estadísticos)

Variables	Con experiencia		Sin experiencia		VE	
	$\overline{M}$	*SD*	$\overline{M}$	*SD*	*U*	*p*
Optimismo	3.8	0.8	3.9	0.7	-0.8	0.4
Conciencia Emocional	4.3	0.5	4.4	0.6	-1.0	0.3
Autoeficacia	3.9	0.7	3.9	0.6	-0.4	0.7
Asertividad	3.5	0.8	3.6	0.7	-0.4	0.7
Comunicación Expresiva	3.7	0.7	3.7	0.7	-0.1	0.9
Regulación Emocional	3.5	0.7	3.4	0.7	0.3	0.8
Comportamiento Prosocial	4.0	0.5	3.9	0.6	0.6	0.5
Autonomía	3.6	0.6	3.8	0.6	-1.5	0.1
Empatía	3.7	0.6	3.8	0.6	-0.9	0.4

Tabla 5.17 *Competencias Socioemocionales de Estudiantes al* ***finalizar*** *sus Prácticas Docentes, según Experiencia Docente previa.*
($\overline{M}$: valor medio, SD: desviación estándar, VE: valores estadísticos)

Variables	Con experiencia		Sin experiencia		VE	
	$\overline{M}$	*SD*	$\overline{M}$	*SD*	*U*	*p*
Optimismo	3.9	0.8	4.0	0.6	-0.8	0.4
Conciencia Emocional	4.1	0.6	4.3	0.6	-1.9	0.1
Autoeficacia	3.9	0.7	3.9	0.7	0.3	0.7
Asertividad	3.6	0.8	3.7	0.7	-1.0	0.3
Comunicación Expresiva	3.6	0.7	3.8	0.7	-1.4	0.2
Regulación Emocional	3.6	0.7	3.5	0.7	0.2	0.9
Comportamiento Prosocial	4.0	0.5	4.0	0.5	-0.7	0.5
Autonomía	3.7	0.7	3.8	0.5	-0.5	0.6
Empatía	3.8	0.6	3.5	0.6	-0.8	0.4

Resulta interesante señalar que no se observan diferencias significativas respecto de la percepción de las Competencias Socioemocionales en futuros profesores que cuentan con experiencia docente entre el inicio y la finalización de las Prácticas Docentes y tampoco se advierten diferencias significativas respecto de la percepción de las Competencias Socioemocionales en futuros profesores por años de trabajo en la docencia.

Tabla 5.18 *Comparación entre las Competencias Socioemocionales en Estudiantes, estudiantes avanzados de Psicología (Licenciatura UBA) y población general. El valor máximo posible de la escala es 5.0. El tamaño de de las tres muestras es el mismo.* ($N = 173$)

Variables	Profesorado		Carrera de Psicología		población general	
	$\overline{M}$	*SD*	$\overline{M}$	*SD*	$\overline{M}$	*SD*
Optimismo	4.0	0.7	3.8	0.7	3.5	0.7
Conciencia Emocional	4.2	0.6	4.2	0.6	3.3	0.8
Autoeficacia	3.9	0.7	3.7	0.7	3.1	0.8
Asertividad	3.6	0.7	3.5	0.8	3.2	0.6
Comunicación Expresiva	3.7	0.7	3.4	0.7	3.3	0.6
Regulación Emocional	3.6	0.7	3.1	0.6	2.9	0.7
Comportamiento Prosocial	4.0	0.5	4.0	0.6	3.4	0.8
Autonomía	3.8	0.6	3.6	0.8	3.3	0.7
Empatía	4.0	0.6	3.8	0.7	3.1	0.7

Comparación de las Competencias Socioemocionales de Estudiantes del Profesorado con otras poblaciones

Al comparar el perfil de Competencias Socioemocionales percibidas por los Estudiantes con las correspondientes de los estudiantes de Psicología avanzados de la Licenciatura de Psicología de la Universidad de Buenos Aires se advierten diferencias significativas en las competencias de Optimismo, Autoeficacia, Comunicación Expresiva, Regulación Emocional y Autonomía. Como se muestra en la Tabla 5.18, los valores medios en tales competencias son más elevados en los Estudiantes del Profesorado.

En cambio, al comparar el perfil de Competencias Socioemocionales percibidas por los Estudiantes con las de la población general, se advierten diferencias significativas en todas las Competencias Socioemocionales.

Como se aprecia en la Tabla 5.18, **todos** los valores medios en tales competencias son más elevados en los Estudiantes del Profesorado.

La Tabla 5.20 en la página 104 permite visualizar estas diferencias más fácilmente.

Competencias Socioemocionales en Tutores de Prácticas Docentes

Se analizaron las Competencias Socioemocionales en Tutores de Prácticas Docentes del Profesorado de Psicología. Entre las Competencias Socioemocionales percibidas por los Tutores de las Prácticas Docentes se visualizan con puntajes más altos, las competencias de Conciencia Emocional, de Comportamiento Prosocial y el Optimismo.

Las competencias percibidas con valores más bajos son la Regulación Emocional, la Asertividad y la Comunicación Expresiva (Tabla 5.19).

Tabla 5.19 *Competencias Socioemocionales en Tutores de Prácticas Docentes. Se indican los valores mínimos y máximos obtenidos para cada Competencia Socioemocional, donde 5.0 es el valor máximo de la escala. ($\overline{M}$: valor medio, SD: desviación estándar, $N = 22$)*

Variables	Mínimo	Máximo	$\overline{M}$	SD
Optimismo	2.1	5.0	4.0	0.7
Conciencia Emocional	3.1	5.0	4.4	0.5
Autoeficacia	3.1	5.0	4.0	0.6
Asertividad	2.6	4.4	3.5	0.5
Comunicación Expresiva	3.0	4.9	3.9	0.6
Regulación Emocional	1.9	4.4	3.5	0.6
Comportamiento Prosocial	3.5	5.0	4.2	0.5
Autonomía	2.7	5.0	3.6	0.6
Empatía	2.8	5.0	3.8	0.5

Tabla 5.20 *Comparación gráfica entre las Competencias Socioemocionales en Estudiantes, estudiantes avanzados de Psicología (Licenciatura UBA) y población general. Se grafican los valores medios de las determinaciones (Tabla 5.18). El valor máximo posible de la escala es 5.0. El tamaño de de las tres muestras es el mismo.* ($N = 173$)

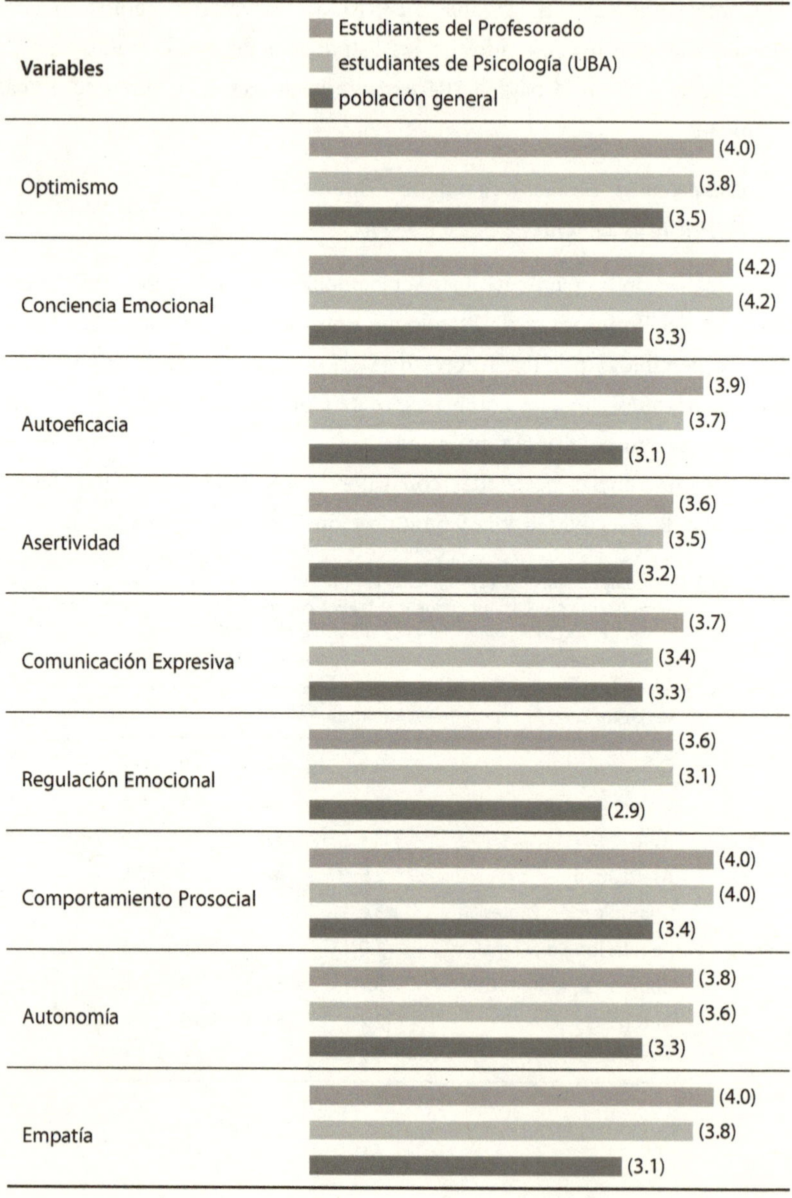

Las Prácticas Docentes y sus dimensiones en Estudiantes (OE 3)

Para el *tercer objetivo específico,* que se propone categorizar las Prácticas Docentes y sus dimensiones en los futuros profesores que realizan sus prácticas en el Profesorado de Psicología, se utilizó la Entrevista Estructurada para la Evaluación de las Prácticas Docentes en Profesores, en Estudiantes (al inicio y al finalizar las Prácticas) y como referencia también en los Tutores.

El instrumento evaluativo permitió recolectar datos centrados en tres dimensiones:

- *Dimensión Personal:* La práctica docente es una práctica esencialmente humana. En este nivel se asientan las decisiones fundamentales del docente como individuo, las cuales vinculan su quehacer profesional con las actividades propias de su vida cotidiana, quién es fuera de la clase, qué representa su trabajo en su vida privada y de qué manera ésta se hace presente en el aula.
- *Dimensión Didáctica:* Esta dimensión hace referencia al papel del docente como agente que, a través de los procesos de enseñanza, orienta, dirige, facilita y guía la interacción de los estudiantes con el saber colectivo culturalmente organizado, para que ellos, construyan su propio conocimiento.
- *Dimensión Axiológica:* La práctica docente, en cuánto acción intencionalmente dirigida hacia el logro de determinados fines educativos, contiene siempre una referencia, a un conjunto de valores. El proceso educativo nunca es neutral, siempre está orientado hacia la consecución de ciertos valores.

Definición de "práctica docente" por Estudiantes

En relación con la pregunta acerca *de qué es la práctica docente,* al **inicio** de las Prácticas Docentes, la mayoría de los Estudiantes se refiere a lo que se es como profesional, aquello que constituye la esencia de lo que un docente es y debe hacer (39%) en lo que tiene que ver con la condición de trabajador de quien ejerce la docencia, en la importancia de las condiciones laborales y en el desempeño de tareas específicas en las instituciones educativas (32%)

y en lo que el docente es como persona, en lo que se siente o vive, de lo que se es como persona (28%), como se muestra en la Tabla 5.21.

Tabla 5.21 *Respuestas dadas por Estudiantes a la pregunta "qué es la práctica docente", al* ***inicio*** *y al* ***finalizar*** *las Prácticas Docentes. Se indica el porcentaje de respuestas.* (N = 173)

Definición	inicio	fin
Ser persona	28%	31%
Ser profesional	39%	36%
Ser trabajador	32%	32%
No responde	1%	1%

Ante la misma pregunta, formulada al **finalizar** las Prácticas Docentes, la mayoría refiere a lo que se es como profesional, aquello que constituye la esencia de lo que un docente es y debe hacer (36%) en lo que tiene que ver con la condición de trabajador de quien ejerce la docencia, en la importancia de las condiciones laborales y en el desempeño de tareas específicas en las instituciones educativas (32%) y en lo que el docente es como persona, en lo que se siente o vive, de lo que se es como persona. Es posible observar un incremento desde el inicio (28%) a la finalización (31%).

Definición de "práctica docente" por Tutores de Prácticas

Tabla 5.22 *Respuestas dadas por Tutores de Prácticas a la pregunta "qué es la práctica docente". Se indica el porcentaje de respuestas.* (N = 22)

Definición	%
Ser persona	27%
Ser profesional	46%
Ser trabajador	27%
No responde	0%

En relación con la pregunta acerca *de qué es la práctica docente* en Tutores de Prácticas, las respuestas pudieron ser reunidas en tres grupos en donde la mayoría refiere a lo que se es como profesional, aquello que constituye la esencia de lo que un docente es y debe hacer (46%).

En menor medida señalan lo que el docente es como persona, en lo que se siente o vive como persona (27%) y lo que tiene que ver con la condición de trabajador de quien ejerce la docencia, en la importancia de las condiciones laborales y en el desempeño de tareas específicas en las instituciones educativas (27%). Ver la Tabla 5.22.

Dimensión Personal en Estudiantes

En esta dimensión tienen lugar las decisiones de los profesores como individuos, que vinculan su quehacer profesional con su vida cotidiana.

Cuando se interrogó, al **inicio** de las Prácticas Docentes, acerca de la importancia de este factor en "su" práctica docente, la casi totalidad señaló que la dimensión personal es importante en su práctica docente (98%). Respecto de cuanto influye la dimensión personal en sus vidas, la mayoría señala que mucho (66%) y tan solo un (30%) manifiesta que algo (Tabla 5.23).

Tabla 5.23 *Importancia de la Dimensión Personal por Estudiantes, al **inicio** y la **finalización** de sus Prácticas Docentes.* ($N = 173$)

Importancia	Dimensión Personal	
	inicio	finalización
Influye mucho	66%	76%
Influye algo	30%	23%
Influye poco	4%	1%
No influye	0%	0%

Cuando se les preguntó acerca de "qué lo llevó a elegir la carrera docente", señalan que lo hicieron por placer (74%) apelando a la motivación de ayuda y servicio a los demás (45%). Sin embargo, un importante número (66%) lo pensó como una posible salida laboral y un 45% manifestó interés por la profesión. En muy pocos se vio privilegiado que es un factor importante la interacción con otros que permite su profesión y en el mismo porcentaje (14%) se manifiesta escaso interés por la materia que dicta. Rescatándose que en el 38% se manifiesta interés por los alumnos.

Ante la pregunta acerca de "si cambiaron sus ideales a lo largo del ejercicio de su profesión", el 57% de los docentes señala que sí. Los que sí cambiaron sus ideales marcan que esto se debe a que hubo cambios en la visión e idealización de los roles tanto de los docentes como de los alumnos. Algunos de los que manifiestan cambios relatan que sólo en un primer momento pensaron la docencia como una salida laboral. Otros relatos explicitan que al principio pensaban que únicamente se trataba de impartir conceptos y conocimientos (teoría) y luego registraron la necesidad de ir a la práctica y reflexionar sobre esta. En tanto que los que no cambiaron señalan que están iniciándose en la docencia y aún les falta generar experiencia.

Al preguntar sobre si "el ejercicio de su profesión promovió cambios en su estilo de vida", el 67% señala que, efectivamente los promovió. Cuando se revisan los motivos que generaron esos cambios, indicaron que se deben a modificaciones en la organización del tiempo y el espacio en el hogar, sobre todo en momentos de toma de exámenes y correcciones, en tanto dedican muchas horas a planificar, evaluar, corregir clases y producciones de los alumnos.

Cuando se interroga acerca de "cuáles fueron las tres experiencias con alumnos más significativas en su vida docente", aparecen positivas y negativas.

Entre las experiencias positivas, se mencionan frecuentemente aquellas vinculadas con el reconocimiento de los alumnos y la valoración que ellos hacen de su trabajo. También poder capitalizar las experiencias que los alumnos traen al aula y no sólo centrarse en aspectos teóricos. Sentir que pueden hacer que sus alumnos se interesen por sus clases para aprender son las experiencias positivas más relevadas, entre otras.

Entre las negativas aparecen situaciones institucionales de malestar, escaso compañerismo con otros docentes y directivos, dificultades para lograr un buen clima en la clase, complejidad en las evaluaciones y ausentismo o deserción escolar.

Cuando se les pregunta "qué se propone lograr en esta etapa de su vida docente", las respuestas que aparecen como más significativas son el crecimiento como persona (60%), el crecimiento como profesional (88%), mejorar el diálogo con los estudiantes el elegido (40%), la capacitación o perfeccionamiento es elegida (54%) y el educar en valores (40%).

Ante la pregunta acerca de si "percibe alguna característica personal que influya positivamente en la adaptación de un alumno a la carrera que cursa", el 100% de los Estudiantes responde que si. En los relatos de los futuros profesores aparecen las siguientes características: tener empatía como para ponerse en el lugar de los estudiantes, motivar sus aprendizajes sobre la base de sus intereses, tener flexibilidad, trabajar utilizando el humor para que los alumnos se distiendan y se animen a participar, tener capacidad de diálogo, apertura a ideas nuevas y distintas.

Al **finalizar** sus Prácticas Docentes se interrogó acerca de la "importancia de este factor en su práctica docente". Casi todos señalaron que es importante en su práctica docente. Respecto de cuanto influye algunos señalan que mucho (76%), algo (23%) y poco (1%) (Figura 27).

Cuando se les preguntó acerca de "qué lo llevó a elegir la carrera docente", la mayoría señaló que lo hizo por placer (80%), por motivación de ayuda y servicio a los demás (38%), como una posible salida laboral (68%) e interés por la profesión (45%). Para algunos un factor importante es la interacción con otros que permite su profesión (23%), el interés por la materia que dicta (11%) y el interés por los alumnos (29%).

Ante la pregunta acerca de "si cambiaron sus ideales a lo largo del ejercicio de su profesión", el 54% señala que sí. Al solicitarles que den cuentas del porqué de este cambio marcan que esto se debe a que aprendieron a interactuar con los alumnos y aprendieron contenidos de Didáctica.

Al preguntar sobre si "el ejercicio de su profesión promovió cambios en su estilo de vida", señalan que sí (64%). Cuando se revisan los motivos indicaron que cambiaron rutinas de estudio, preparación de clases y formas de corrección de parciales. Los que no cambiaron manifiestan la necesidad de ser autodidactas y aprender de sus errores.

Cuando se interroga acerca de "cuáles fueron las tres experiencias con alumnos más significativas en su vida docente", aparecen positivas y negativas. Entre las positivas aquellas vinculadas con realizar las prácticas en el Nivel Superior y Secundario, dar clases de Psicología, con la valoración de sus clases por parte de los alumnos por el respeto del docente a los estudiantes que marca la diferencia. Entre las experiencias negativas aparecen experiencias con alumnos disconformes con la corrección de parciales, alumnos que faltan el respeto a sus compañeros.

Cuando se les pregunta "qué se propone lograr en esta etapa de su vida docente", las que aparecen como más significativas son, el crecimiento como persona (54%), el crecimiento como profesional es elegido (84%), el mejorar el diálogo con estudiantes es seleccionado (53%), la capacitación o perfeccionamiento (49%) y el educar en valores (49%).

Ante la pregunta si "percibe alguna característica personal que influya positivamente en la adaptación de un alumno a la carrera que cursa", aparecen las siguientes características: buena comunicación y empatía, paciencia y el respeto que sienten por los alumnos y apertura de pensamiento que da la posibilidad de realizar análisis críticos y la capacidad de reconocer los propios recursos y capacidades.

Dimensión Didáctica en Estudiantes

Esta dimensión hace referencia al papel del profesor como agente que, coordina y guía la interacción de los estudiantes con el saber cultural colectivo.

Cuando se interroga al **inicio** de las Prácticas Docente, a los docentes si es importante este factor en su práctica docente el 98% señala que si lo es. Ante la pregunta de cuánto influye, explicitan que mucho (88%) y algo (10%). Ver la Tabla 5.24 siguiente.

Tabla 5.24 *Importancia asignada a la Dimensión Didáctica, por Estudiantes al* ***inicio*** *y la* ***finalización*** *de sus Prácticas Docentes.* (N = 173)

Importancia	Dimensión Didáctica	
	inicio	finalización
Influye mucho	88%	85%
Influye algo	10%	14%
Influye poco	2%	1%
No influye	0%	0%

Ante la pregunta acerca de "que estrategias utiliza con mayor frecuencia", responden que utilizan estrategias directas centradas en el docente como exposición dialogada, charla magistral y similares (36%) y estrategias indirectas con un rol protagónico puesto en los alumnos como aprendizaje por resolución de problemas o método de casos (68%).

Cuando se les cuestiona sobre "si las estrategias que utilizan en su práctica docente facilitan la adaptación de los estudiantes", el 80% responde afirmativamente. Ante la pregunta de "por qué y de qué manera lo hace" señalan que es importante que las estrategias que se utilicen estén relacionadas con las competencias que se desean desarrollar en los estudiantes. Para ello se debe trabajar con estrategias indirectas más centradas en la participación de los estudiantes, relacionar los contenidos a enseñar con las vivencias o experiencias de los alumnos, darles el rol protagónico y promover el compromiso con el aprendizaje.

Ante la pregunta acerca de si "considera que una buena práctica docente implica involucrarse afectivamente con los alumnos", un 72% responde afirmativamente. Señalan que es necesario considerar a los sujetos y sus contextos sin desatender la misión que se tiene como docente, marcan como nodal escuchar a los alumnos, contenerlos y hacerles sentir que hay adultos que se ocupan de ellos. Explicitan que hay que involucrarse o implicarse afectivamente, interesarse por el aprendizaje y la posibilidad de pensar críticamente, sin perder la objetividad.

Ante la pregunta "qué hace con los alumnos que plantean problemas en su rendimiento académico", responden que trabaja con el departamento pedagógico (51%), con el director de la carrera (14%), con coordinadores de eje (20%), con docentes de otras asignaturas (45%) y con otras modalidades de trabajo (36%). Las otras formas de resolución de problemas que aparecen es trabajar con el titular de la cátedra y los otros docentes de la asignatura o con el alumno en particular.

Frente a la pregunta sobre "cuál es la actitud de los alumnos frente a la situación de evaluación", aparecen cuestiones como que los alumnos estudian para aprobar los exámenes (46%), que la devolución de información a los alumnos sobre su proceso de aprendizaje los ayuda a tomar conciencia del mismo y proponerse metas de mejora para (52%), el fracaso en las pruebas incide en la deserción (19%), las situaciones percibidas como injustas generan un comportamiento de rebeldía (16%). Los que observan otras actitudes señalan que los alumnos agradecen las evaluaciones formativas.

Respecto de la pregunta sobre "instrumentos de evaluación que utilizan", señalan que: utilizan evaluaciones no estructuradas (67%), semiestructuradas (26%) estructuradas (12%). Los que refieren otras formas explicitan trabajar con la construcción de historias clínicas o planes de investigación. Trabajos prácticos y de campo.

El 16% trabaja con portfolios. El 21% de los entrevistados conoce esta forma de evaluación y las ventajas que presenta. Ante la pregunta acerca de "que es un portfolio", algunos explicitan que es una estrategia que posibilita el autoanálisis y la reflexión sobre una tarea, que se trata de un proceso, un conjunto de producciones que los estudiantes van realizando a lo largo de la cursada.

Ante la pregunta sobre si "ha utilizado esta modalidad de evaluación", la mayoría expresa que la conocían de otra asignatura del profesorado. Respecto de que ventajas que ofrece expresan que es una herramienta que se enriquece en el mismo proceso de construcción, evalúa el proceso y da la posibilidad de ampliar la mirada sobre la tarea que se está desempeñando. Permite al docente y al alumno realizar una reflexión sobre el propio aprendizaje y práctica y posibilita la reestructuración de la enseñanza y el aprendizaje.

Cuando se les pregunta "sobre situaciones problemáticas que dificultan el desarrollo de la enseñanza", responden señalando las situaciones más significativas: en primer lugar las características del contexto institucional, el contexto problemático y que los alumnos presenten insatisfacción de necesidades básicas. En segundo lugar, marcan el contexto social y económico, las condiciones edilicias y las situaciones de violencia institucional, barrial o familiar. Por último, explicitan dificultades por adicciones, embarazos adolescentes, falta de contención familiar y por los feriados que son muchos.

Cuando se les solicita que indiquen aquello "que consideran que debería estar incluido en esta dimensión didáctica y no fue tenido en cuenta", manifiestan estar de acuerdo con lo incluido en esta dimensión y no creen necesario agregar algo más.

Al **finalizar** sus Prácticas Docentes, preguntados si "es importante este factor en su práctica docente" casi todos responden que sí. Ante la pregunta de "cuánto influye", la mayoría señala que mucho (85%) y algo (14%), como se mostró en Tabla 5.24 de la página 110.

Ante la pregunta acerca de "que estrategias utiliza con mayor frecuencia", responden que utilizan estrategias directas centradas en el docente, como exposición dialogada, charla magistral y similares (32%); y estrategias indirectas con un rol protagónico puesto en los alumnos como aprendizaje por resolución de problemas o método de casos (78%).

Cuando se les cuestiona sobre si "las estrategias que utilizan en su práctica docente facilitan la adaptación de los alumnos de primer año", responden afirmativamente (95%). Ante la pregunta de "por qué y de qué manera lo hace en su caso personal", explicitan que utilizan estrategias indirectas que propician un rol más activo por parte de los estudiantes y la adquisición de habilidades cognitivas más específicas.

Ante la pregunta acerca de si "considera que una buena práctica docente implica involucrarse afectivamente con los alumnos", responden afirmativamente (81%). Señalan que sin afecto y confianza es imposible conducir un grupo y lograr que puedan apropiarse contenidos. Expresan que, en el nivel medio, marcadamente, el afecto y la comprensión vehiculizan la interacción con los alumnos.

Ante la pregunta "qué hace con los alumnos que plantean problemas en su rendimiento académico", responden que trabaja con el departamento pedagógico (51%), con el director de la carrera (12%), con coordinadores de eje (20%), con docentes de otras asignaturas (46%) y con otras modalidades de trabajo (32%). Las otras opciones que aparecen refieren al trabajo con el alumno prestando atención a sus dificultades.

Frente a la pregunta sobre "cuál es la actitud de los alumnos frente a la situación de evaluación", aparecen cuestiones como que los alumnos estudian para aprobar los parciales (39%), la devolución de información a los alumnos sobre su proceso de aprendizaje los ayuda a tomar conciencia de este y proponerse metas de mejora para (54%), el fracaso en las pruebas incide en la deserción (16%) y las situaciones percibidas como injustas generan un comportamiento de rebeldía (16%).

Respecto de la pregunta sobre "instrumentos de evaluación que utilizan", señalan que utilizan evaluaciones no estructuradas (60%), semiestructuradas (34%) estructuradas (8%). Otros, que refieren diferentes formas, explicitan trabajar con la construcción de historias clínicas o planes de investigación, trabajos prácticos y de campo.

El 33% trabaja con portfolios. El 21% de los entrevistados conoce esta forma de evaluación y las ventajas que presenta. Ante la pregunta acerca de que es un portfolio, algunos explicitan que es un instrumento que posibilita la evaluación y la autoevaluación en términos de proceso singular. Refieren también que se trata de un conjunto de trabajos que dan cuenta de un proceso de aprendizaje. Es una evaluación en proceso que implica un trabajo construido en el tiempo desde la producción escrita que registra los avances.

En relación con la pregunta sobre "si ha utilizado esta modalidad de evaluación", la mayoría expresa que no como docente, pero si como alumno. Respecto de que ventajas que ofrece expresan que posibilita dar cuenta del proceso de aprendizaje de cada alumno en particular. Posibilita al alumno la toma de decisiones durante el proceso. Es una evaluación formativa y de proceso.

Cuando se les pregunta sobre "situaciones problemáticas que dificultan el desarrollo de la enseñanza", responden señalando las situaciones más significativas: en primer lugar señalan el poco compromiso docente y la interrupción de las clases. En segundo lugar, marcan la poca claridad en los propósitos y objetivos de las clases, los problemas edilicios y el no generar un buen clima en el aula o tener malos vínculos entre docentes y alumnos. Por último, explicitan dificultades ante la imposibilidad de escuchar y generar retroalimentación con los alumnos, la falta de preparación de los docentes y la selección inadecuada de estrategias y recursos.

Cuando se les solicita que indiquen todo aquello que consideran "que debería estar incluido en esta dimensión "didáctica" y no fue tenido en cuenta", sólo algunos señalan el trabajo con la transposición didáctica.

Dimensión Axiológica en Estudiantes

Esta dimensión hace referencia a los *valores.*

Cuando se interroga a los Estudiantes al **inicio** de sus Prácticas Docentes (en su rol de docentes), si "este factor es importante en su práctica docente", el 92% señala que sí. Ante la pregunta de cuánto influye, las respuestas son que influye mucho (60%); algo (31%); poco (7%) y que no influye (2 %) (Tabla 5.25).

Tabla 5.25 *Importancia asignada a la Dimensión Axiológica, por Estudiantes al **inicio** y la **finalización** de sus Prácticas Docentes.* ($N = 173$)

Importancia	Dimensión Axiológica	
	inicio	finalización
Influye mucho	60%	62%
Influye algo	31%	36%
Influye poco	7%	2%
No influye	2%	0%

Cuando se pregunta acerca de "qué valores de su práctica docente favorecen la adaptación de los alumnos en la carrera", aparecen como valores más significativos, la concepción que se tenga de los alumnos que influye en la manera de dar la clase, como también la concepción que se tenga sobre la enseñanza y el aprendizaje.

De las normativas qué rigen en la Universidad "cuáles considera que favorecen la adaptación de los alumnos de la carrera", el 51% señala que la Ley de Educación, el 10% los Documentos Oficiales, el 12% los Lineamientos de la CONEAU[1], y el 40% indica el Reglamento Académico de la UBA. Ante el cuestionamiento acerca "de qué manera rigen estas normativas", marcan que es necesario pensar a la Educación como derecho al que todos deben poder acceder.

Ante la pregunta si "usted considera que su práctica docente fortalece al alumno para superar las dificultades que encuentra en la carrera", el 80% de los Estudiantes responde que sí. Cuando se les pregunta "por qué", el 99% puede dar las razones. Entre las razones que se dan explicitan el tiempo dedicado a la enseñanza, el trabajo con estrategias centradas en los alumnos que los preparan para ser sujetos activos, para desarrollar autonomía respecto

[1]Comisión Nacional de Evaluación y Acreditación Universitaria. Organismo descentralizado argentino que funciona en jurisdicción del Ministerio de Educación de la Nación, que tiene por objeto la evaluación de las instituciones universitarias y la acreditación de carreras de grado declaradas de interés público y de las carreras de posgrado.

de los aprendizajes y adquirir formas de comunicación más fluidas útiles para ser utilizadas también en otros contextos, en tanto se capitalizan las experiencias que ellos aportan y se trabaja sobre su futuro profesional.

Frente a la sugerencia de indicación de todo aquello "que considera que debería estar incluido en esta dimensión "axiológica" y no fue tenido en cuenta", responden y señalan que debería considerarse la ética profesional.

Cuando se interroga a los futuros docentes, al **finalizar** sus Prácticas Docentes, sobre la importancia de esta dimensión, todos la señalan como muy importante. Ante la pregunta de cuánto influye, las respuestas son que mucho (62%), algo (36%) y poco (2%) (Tabla 5.25).

Cuando se pregunta acerca de "qué valores de su práctica docente favorecen la adaptación de los alumnos en la carrera", aparecen como valores más significativos, la misión de ayudar a otros, vincularse por medio del afecto, el amor, el respeto, la honestidad, la responsabilidad y la ética. Enseñar y modelizar con el ejemplo. También el desarrollo del pensamiento crítico y la autonomía.

Ante la pregunta "cuáles normativas qué rigen en la Universidad considera que favorecen la adaptación de los estudiantes", se señala que la Ley de Educación (60%), los Documentos oficiales (17%), los lineamientos de la CONEAU (12%), el Reglamento académico de la UBA (41%). Ante el cuestionamiento acerca de "qué manera esta normativas influyen", explicitan que es importante orientar a los alumnos respecto de sus deberes y derechos.

Ante la pregunta si "usted considera que su práctica docente fortalece al alumno para superar las dificultades que encuentra en la carrera", la mayoría responde que sí (84%). Cuando se les pregunta "por qué", entre las razones que se dan aparecen preponderantemente están que respetan y consideran los tiempos de cada estudiante, se hacen devoluciones sobre el proceso de enseñanza y de aprendizaje, se brindan espacios de escucha y orientación respecto de las dificultades y se intenta vincular la asignatura que se enseña con la futura inserción profesional.

Dimensión Personal en Tutores

En esta dimensión tienen lugar las decisiones de los profesores como individuos, que vinculan su quehacer profesional con su vida cotidiana.

Cuando se interrogó acerca de la "importancia de este factor en su práctica docente" todos explicitaron que es importante. La mayoría señala que influye mucho (77%) y algunos pocos algo (23%) (Tabla 5.26).

Tabla 5.26 *Importancia otorgada por Tutores a cada una de las Dimensiones, en una escala de cuatro valores. Se indica el porcentaje de respuestas.* (N = 22)

Importancia	Dimensión		
	Personal	Didáctica	Axiológica
Influye mucho	73%	95%	77%
Influye algo	23%	5%	23%
Influye poco	0%	0%	0%
No influye	0%	0%	0%

Cuando se les preguntó acerca de "qué lo llevó a elegir la carrera docente", la mayoría señaló que lo hizo por placer (86%), por motivación de ayuda y servicio a los demás (27%), como una posible salida laboral (14%), interés por la profesión (46%), la interacción con otros (41%), interés por la materia que dicta (18%) e interés por los alumnos (41%).

Ante la pregunta acerca de "si cambiaron sus ideales a lo largo del ejercicio de su profesión", algunos señalaron que sí (46%). Al solicitarles que den cuenta del "porqué", marcan que se debe a cambios en la valorización de la educación, por su trascendencia, por el placer y la alegría de enseñar. Otros ubican esos cambios en relación con los alumnos y otros lo atribuyen a cambios personales debidos a un crecimiento, a un mayor acercamiento a los estudiantes, a trabajar con colegas, a su propia experiencia laboral que se va adquiriendo en terreno desde la co-construcción de saberes con los otros y al interés por seguir incrementando los conocimientos desde la formación.

Los que no cambiaron marcan que los ideales se sostienen porque la tarea docente involucra distintos aspectos de la vida, porque están sólidamente construidos, porque son vigentes, en tanto siempre tuvieron la convicción de que la educación es un hecho social, o bien porque se adaptan a los cambios psico-socioculturales.

Al preguntar sobre "si el ejercicio de su profesión promovió cambios en su estilo de vida", la mayoría expresa que sí (73%) en tanto la profesión docente implica desafíos que inciden en lo personal (tiempos, tareas, se agregaron nuevos círculos sociales, etc.).

Se marca el cambio en la utilización del tiempo, caracterizado por transitar las diferentes instituciones educativas por un lado y por otro se explicita que la tarea docente no inicia ni termina en la clase que se da. Hay momentos preactivos y postactivos de trabajo (selección de escenas de la vida, de películas). Algunos Tutores sostienen que tuvieron que realizar cambios de horarios y hacer adecuaciones entre el tiempo destinado a trabajar y el dedicado a la vida familiar.

Se marca una valoración de la tarea docente, ya que el que enseña es visto como ejemplo, referencia, modelo, fuente de consulta.

Indican también que los aprendizajes realizados por ellos enriquecen e impactan en sus vidas (modificar concepciones y prejuicios respecto de los sujetos que aprenden). Se valoriza la tarea en tanto servicio para el bienestar de los otros. Todo esto convoca a ser mejor persona también. Los que no cambiaron señalan que el estilo de vida es previo al ejercicio de la docencia.

Cuando se interroga acerca de "cuáles fueron las tres experiencias con alumnos más significativas en su vida docente", aparecen experiencias positivas y negativas. Entre las positivas están aquellas vinculadas con lo afectivo y la valoración por parte del otro, ya sea de colegas docentes o de los estudiantes (una alumna confió en su docente para contarle que había sido abusada y le solicitó ayuda. Y esto permitió sostener un vínculo de respeto y mucho afecto). Explicitan que trabajan actualmente con pares que son ex–alumnos y le hacen una devolución retrospectiva de su práctica, que coincide con lo que se propone llevar a cabo en ella.

Entre las positivas también están aquellas vinculadas con el compromiso con la tarea por ser parte de la formación de oros docentes, así explicitan la sensación de realización al percibir la motivación para aprender y el interés del grupo, haber logrado que algunos alumnos se planteen cosas que antes nunca habían pensado respecto de la educación. Acompañar a algunos alumnos con dificultades en el aprendizaje y organizar proyectos escolares y talleres para grupos de alta vulnerabilidad social. Y por último señalan aquellas que tienen que ver con el lazo que se generó con un grupo, los buenos vínculos que se establecen en las clases y la alegría que les provoca reencontrarlos pasados los años y visualizarlos grandes, felices, haciendo camino. O con acompañar trayectorias de estudiantes y seguir siendo referente para alumnos ya graduados.

Entre las experiencias negativas aparecen aquellas que tienen que ver con situaciones de plagio, de violencia, como, por ejemplo, situación de acoso entre pares y aquellas que marcan situaciones límite como tener que levantar una práctica porque no estaba bien preparada la clase. Otras tienen que ver con la desimplicación de un grupo de alumnos.

Cuando se les pregunta "qué se propone lograr en esta etapa de su vida docente", refieren lograr el crecimiento como persona (59%), el crecimiento como profesional (82%), el mejorar el diálogo con los estudiantes (27%), la capacitación o perfeccionamiento (46%) y el educar en valores es elegido (55%). Entre los otros logros aparecen opciones en relación con realizar cambios en la enseñanza y el aprendizaje de la asignatura, asumir el rol de Tutor como alguien cercano y accesible que acompaña y sostiene desde la empatía. Se señala el compromiso, la responsabilidad y la pasión por la tarea. La flexibilidad para adaptarse a entornos cambiantes. Además, con generar dispositivos pedagógicos interactivos que posibilitan el diálogo, como se da al interior de una comunidad de aprendizaje.

Ante la pregunta "usted percibe alguna característica personal que influya positivamente en la adaptación de un alumno a la carrera que cursa?" se explicitan las competencias docentes y los valores. Aparecen de manera recurrente la capacidad empática y de escucha atenta, transmitir tranquilidad a la hora de realizar las prácticas, tener tolerancia a la frustración, motivación y deseo personal por enseñar. Otros marcan la elección de trabajar desde la subjetividad del alumno poniendo en juego sus intereses y motivaciones y marcan que esto los conecta especialmente con la carrera.

Ante la pregunta "usted percibe algún otro elemento que no fue tenido en cuenta en esta dimensión personal?" señalan que debería considerarse incluir lo laboral, en tanto que un docente es un trabajador y esto también involucra un reconocimiento social, histórico y cultural, además de un reconocimiento económico. Algunos marcan como necesario incluir la dimensión ideológica, el posicionamiento (desde que concepción pedagógica se sitúa cada docente) y la dimensión espiritual que enriquecen la tarea. Otros marcan pertinente que los estudiantes puedan revisar la autobiografía escolar para revisar los propios procesos de aprendizaje realizados.

Dimensión Didáctica en Tutores

Esta dimensión hace referencia al papel del profesor como agente que, coordina y guía la interacción de los estudiantes con el saber cultural colectivo.

Cuando se interroga a los docentes si es importante este factor en su práctica docente, todos expresan que si lo es. Ante la pregunta de cuánto influye, afirman mucho (95%) y algo (5%). Véase la Tabla 5.26 en la página 117.

Ante la pregunta acerca de "que estrategias utiliza con mayor frecuencia", expresan que utilizan estrategias directas (55%) y estrategias indirectas (86%). Lo que aparece como diferente es la búsqueda de información por parte de alumnos y las simulaciones.

Cuando se les cuestiona sobre "si las estrategias que utilizan en su práctica docente facilitan la adaptación de los alumnos", todos responden afirmativamente.

Ante la pregunta de "por qué y de qué manera lo hace en su caso personal", responden todos y explicitan que resulta nodal promover distintos contextos para la construcción del conocimiento. Respecto de las estrategias señalan utilizar las vivenciales, de trabajo cooperativo y de resolución de problemas propios de la carrera y con ellas logran como resultado una gran implicación lo que posibilita una elevada adaptación a la carrera, en tanto colocan al alumno en un rol activo como constructores de su propio conocimiento.

Describen estrategias basadas en cuestiones procedimentales como resolución de problemas y simulaciones que favorecen y aclaran el proceso de enseñanza y de aprendizaje y cuestiones conceptuales como el trabajo en la recuperación de conocimientos previos para producir aprendizajes significativos. El docente se asume como guía en la construcción de marcos teóricos complejos y les permite participar activamente en la construcción de conceptos simples.

Respecto de la pregunta acerca de "si considera que una buena práctica docente implica involucrarse afectivamente con los alumnos", responden que si (86%). Señalan que consideran inseparable una buena práctica y el afecto con los alumnos.

Las razones que argumentan van en la línea de pensar que toda experiencia intersubjetiva implica esa dimensión y que la afectividad es parte del ser humano. Es necesario considerar al alumno como ser singular, con su historia, en un momento particular, que se sienta reconocido y comprendido por el docente favorece el proceso de aprendizaje y el clima de la clase. Por ello no puede desligarse lo emocional del aprendizaje. Se trata de una co-construcción que genera sostén. Un docente explicita que el amor al saber se puede promover. Otra afirma que el afecto nos salva, recubre lo insoportable, amalgama en momentos difíciles. Refieren que es inevitable la conexión afectiva, pero se debe estar atento para no caer en una sobre implicación que anule o condicione negativamente la función Tutorial.

Los que responden negativamente consideran que son esferas de acción diferente. Las razones que dan indican que no se debe relacionar el afecto con el desempeño en la práctica docente. Una buena práctica docente no implica involucrarse afectivamente porque para tomar decisiones es necesario ser objetivos. Hay que mantener una buena relación humana pero no involucrarse.

Ante la pregunta "qué hace con los alumnos que plantean problemas en su rendimiento académico", responden que trabajan con el departamento pedagógico (23%), con el director de la carrera (41%), trabajan con coordinadores de eje (18%) y con docentes de otras asignaturas (27%). Las otras formas de resolución de problemas que aparecen remiten a realizar un trabajo articulado con asesores, con el equipo docente de la cátedra y preceptores en el trabajo con alumnos.

Frente a la pregunta sobre "cuál es la actitud de los alumnos frente a la situación de evaluación", aparecen cuestiones como que los alumnos estudian para aprobar los exámenes (32%), la devolución de información a los alumnos sobre su proceso de aprendizaje los ayuda a tomar conciencia de este y proponerse metas de mejora para (82%), el fracaso en las pruebas incide en la deserción (18%), las situaciones percibidas como injustas generan un comportamiento de rebeldía (23%). Los que observan otras actitudes señalan indiferencia y falta de compromiso.

Respecto de la pregunta sobre "instrumentos de evaluación que utilizan", señalan que utilizan evaluaciones no estructuradas (77%), de tipo semiestructuradas (27%) y estructuradas (27%). El 50% de los docentes refiere utilizar otras formas de evaluación. El 73% trabaja con portfolios.

Todos conocen esta última forma de evaluación y las ventajas que presenta. En relación con la pregunta acerca de "que es un portfolio", algunos docentes explicitan que un portfolio es la documentación de una trayectoria más la autorreflexión crítica y que refiere a un desempeño, una selección sistemática de producciones, un registro de aprendizajes de los estudiantes que se centra en sus trabajos y su reflexión o una herramienta de evaluación directamente ligada a la revisión de la práctica o del proceso de aprendizaje. Otros señalan que es un formato de autoevaluación. En general conocen diferentes tipos de portfolios de trabajo, de presentación y de evaluación.

Ante la pregunta sobre si "ha utilizado esta modalidad de evaluación la mayoría expresa que lo utilizan en formación docente", algunos refieren que lo solicitan como evaluación al cierre del cuatrimestre y que utilizan el portafolio como registro del proceso de aprendizaje y autoevaluación y lo utilizan como revisión de la propia práctica docente.

Respecto de que ventajas ofrece el portfolio, expresan que promueve la autorreflexión crítica y superadora en un vínculo con un Tutor, permite visualizar criterios de selección, genera procesos de reflexión y análisis. Que puede resultar muy motivador para los estudiantes, en tanto estimula la creatividad. Señalan también que permite rescatar y reforzar los aspectos positivos a la vez que detectar aquello que debe modificarse o puede mejorarse y además diagnosticar futuros resultados en función de las experiencias recorridas y propiciar un conocimiento más profundo del propio quehacer, sus fortalezas y debilidades. Acompaña el proceso, ofrece datos de estudiantes y docentes, del aprendizaje y de la enseñanza. Potencia capacidades, habilidades y competencias.

Cuando se les pregunta "sobre situaciones problemáticas que dificultan el desarrollo de la enseñanza", responden señalando las situaciones más significativas.

En primer lugar señalan el déficit en la función docente, la falta de capacitación y de motivación, las condiciones de vida de los actores, la complejidad del objeto de conocimiento, las dificultades materiales de tiempo y espacio.

En segundo lugar, marcan la no implicación de estudiantes, la reducción de tiempo para estudiar por horas de trabajo de alumnos, la estructura psíquica de algunos estudiantes, las problemáticas institucionales y la falta de recursos edilicios. Por último, explicitan dificultades por las representaciones arcaicas en profesores en algunas temáticas (por ejemplo, en Educación Sexual Integral), la falta de actualización de programas y bibliografía y de espacios para la reflexión sobre la propia práctica.

Cuando se les solicita que "indiquen todo aquello que consideran que debería estar incluido en esta dimensión didáctica y no fue tenido en cuenta", la mayoría responde señala o explicita que debería tenerse en cuenta la actualización en la formación docente, el trabajo en equipo y compatibilizar calidad educativa con retención en el aula (86%).

Los docentes señalan también que deberían incluirse el deseo por aprender y enseñar continuos, la necesidad de utilización de lenguajes diversos y la consideración de inclusión de la diversidad que cuestiona el modelo único hegemónico del conocimiento.

Dimensión Axiológica en Tutores

Esta dimensión hace referencia a los *valores*.

Cuando se interroga a los docentes si "es importante este factor en su práctica docente" todos expresan que sí lo es. Ante la pregunta de cuánto influye, las respuestas son que influye mucho (77%) y algo (23%). Ver la Tabla 5.26 en la página 117.

Cuando se pregunta a los Tutores acerca de "qué valores de su práctica docente favorecen la adaptación de los alumnos", aparecen como valores más significativos promover la implicación y el compromiso con el propio desarrollo, desde el respeto por la tarea docente y sobre la base de la reflexión sobre la propia práctica.

Marcan también que el dispositivo de comunidad de aprendizaje, que incluye a la totalidad del grupo en la construcción del conocimiento y la revisión de la práctica, abona a que esto sea posible.

De las normativas qué rigen en la Universidad ante la pregunta "cuáles considera que favorecen la adaptación de los estudiantes", señalan que la Ley de Educación (36), los Documentos oficiales (91%), los Lineamientos de la CONEAU (14%) y el Reglamento académico de la UBA (59%).

Ante el cuestionamiento acerca "de qué manera rigen", entre los que responden aparece como aclaratorio que leer sobre las normas y discutirlas con los estudiantes implica conocer profundamente no sólo sus obligaciones, sino sus derechos. Marcan que los estudiantes transcurren por la universidad y en general desconocen las normas y estas proveen un marco referencial, señalando líneas de acción y rumbo a seguir. Una Tutora señala que cree que la reglamentación que más influencia es la del ejercicio de la docencia por los derechos humanos y las normativas que más influencia tienen son las leyes que regulan este ejercicio en el marco de los derechos. El resto de las reglamentaciones solo enmarcan el régimen de promoción y acreditación para obtención de un título.

Ante la pregunta: "usted considera que su práctica docente fortalece al alumno para superar las dificultades que encuentra en la Carrera", la mayoría de los Tutores responde que sí. Cuando se les pregunta "por qué" el 91% puede dar las razones y aparece preponderantemente el respetar su lugar de sujeto andragógico y ese sentido resulta posible aceptar ajustes a ciertas necesidades propias de dichos sujetos en el contexto histórico actual. Trabajar permanentemente en detectar y abordar problemáticas grupalmente para poderlas revertir. Acompañar a los alumnos en la reflexión sobre su formación, sobre la construcción de su rol docente.

Frente a la sugerencia de indicación de todo aquello "que considera que debería estar incluido en esta dimensión "axiológica" y no fue tenido en cuenta", señalan que los valores han dejado de regir y atravesar toda la enseñanza, por ello resulta nodal trabajar la construcción de sentidos, el compromiso social y la promoción de cambios. Explicitan también que cada situación y contexto social y económico son diferentes, que es necesario educar en cada uno de ellos nivelando hacia arriba, facilitando y garantizando las posibilidades igualitarias y democráticas de acceso. Marcan también la necesidad de conocer reglamentos de otras instituciones educativas en las que, a futuro, puedan ingresar a trabajar como profesores.

Correlaciones entre las variables relevadas (OE 4)

En relación con el *cuarto y último objetivo específico,* se analizarán las correlaciones existentes entre las variables consideradas en el marco del Afrontamiento de las Prácticas Docentes de los profesores de Psicología "en formación". Se estudiarán correlaciones con la Deseabilidad Social, el efecto de los Tutores, los cambios Estudiantes por la realizacion de las Prácticas, el abandono de las Prácticas y la correlación entre los puntajes relevados del ICSE y el CRI.

Para ello se elaborarán varios modelos lineales jerárquicos (HLM), que son modelos estadísticos con parámetros que varían en más de un nivel. El análisis de regresión toma en cuenta la estructura jerárquica de los datos, que están organizados jerárquicamente, es decir compuestos por grupos de unidades agrupadas de una forma organizada. Esto permite incluir en un mismo modelo distintas fuentes de variación en la(s) variable(s) dependiente(s).

ICSE y CRI: correlaciones con la Deseabilidad Social

El supuesto central del constructo de la Deseabilidad Social reside en que algunas de las respuestas a los ítems de instrumentos que miden constructos como personalidad, emociones y actitudes, son socialmente más convenientes o deseables que otras, por lo que algunos sujetos pueden tender a elegirlas con independencia de cuál sea su nivel real en el constructo que se pretende medir (Ferrando y Chico, 2000).

La Deseabilidad Social comprende la necesidad de aprobación social, la cual es concebida como un factor de motivación importante del comportamiento humano, que supone una disposición general para buscar la evaluación favorable de otros.

Anastasi y Urbina (1998), sostienen que hay personas que se sienten motivadas a distorsionar sus respuestas para "quedar bien" ante los demás, es decir, elegir respuestas que generen una impresión favorable. De allí que en este estudio se tuvo en cuenta la evaluación de la deseabilidad, dado que se incluyen constructos como Afrontamiento, Competencias Sociales y Emocionales, que pueden ser sensibles a este fenómeno.

Tabla 5.27 *Correlaciones entre Deseabilidad Social, las respuestas de Afrontamiento (CRI) y las de Competencias Socioemocionales (ICSE) en Estudiantes. No se observan correlaciones significativas.* (N = 173).

	Deseabilidad Social
Análisis Lógico (CRI)	0.15
Revalorización (CRI)	0.08
Búsqueda de Apoyo (CRI)	0.09
Resolución (CRI)	0.06
Evitación (CRI)	0.12
Aceptación (CRI)	0.16
Gratificaciones (CRI)	0.03
Optimismo (ICSE)	0.12
Conciencia Emocional (ICSE)	0.19
Autoeficacia (ICSE)	0.15
Asertividad (ICSE)	0.00
Comunicación expresiva (ICSE)	0.02
Regulación emocional (ICSE)	0.26
Comportamiento prosocial (ICSE)	0.20

Como se aprecia en la Tabla 5.27, no hay correlaciones significativas entre la Deseabilidad Social, las Competencias Socioemocionales (ICSE) y las Respuestas de Afrontamiento (CRI) indicando que en la medición de estos constructos la proporción de Deseabilidad Social es muy baja.

CRI, BIDR e ICSE: efectos de los Tutores, cambios durante las Prácticas Docentes y predictores

Método utilizado: Modelos lineales jerárquicos de tres niveles (Raudenbush y Bryk, 2002).

Como se explicó anteriormente, los modelos lineales jerárquicos permiten incluir en un mismo modelo distintas fuentes de variación en la variable dependiente. En este caso se ajustaron modelos de tres niveles para desagregar la variabilidad producto del paso del tiempo (Nivel 1), la variabilidad producto de las diferencias individuales de los Estudiantes (Nivel 2) y la variabilidad producto del efecto de los Tutores de las comisiones (Nivel 3).

A partir de este análisis es posible indagar si hay un efecto estadísticamente significativo de los Tutores sobre las variables relevadas de los Estudiantes mediante CRI, BIDR e ICSE.

Es necesario utilizar un modelo jerárquico debido a que diferentes estudiantes fueron influenciados por diferentes tutores.

En caso de identificarse tal efecto de los Tutores, los modelos permiten realizar contrastes de hipótesis para saber si dicho cambio, entre el comienzo y el final del curso, fue estadísticamente significativo. Estos modelos también permiten determinar si variables medidas en los Tutores podrían afectar significativamente las variables medidas en los Estudiantes, y su cambio en el tiempo.

En caso de que no existiera un efecto significativo de los Tutores, este análisis debería ser reemplazado por modelos de dos niveles. Por este motivo, en aquellas variables en donde no se observó dicho efecto se aplicaron nuevamente modelos idénticos, pero de dos niveles. En estos análisis, los modelos explicaron el comportamiento de la variable dependiente a partir del cambio producido entre las dos administraciones de instrumentos (*pre-post*, Nivel 1) y de las diferencias entre los individuos (Nivel 2). Obviamente no se incluiría ahora el efecto de los tutores si hubiera una evidencia de su ausencia con el primer modelo de tres niveles.

Objetivos del análisis: este análisis se realizaron sobre los datos de las escalas CRI, Deseabilidad Social e ICSE con tres objetivos:

a) Observar si los Tutores tuvieron un efecto sobre las variables medidas en los alumnos al final de la Práctica Docente.

b) Observar si ese cambio en las variables entre la primera y la última administración *(pre-post)*, de los Estudiantes, fue estadísticamente significativo.

c) Observar si variables medidas en los Tutores permiten predecir las variables relevadas en los alumnos al finalizar la cursada, y el cambio producido en el proceso.

Resumen de los resultados encontrados

Efectos de los tutores. Se observaron efectos significativos de los tutores sobre los puntajes de los alumnos en las sub-escalas Afrontamiento CRI, los niveles de Deseabilidad Social y los puntajes de Competencias Socioemocionales ICSE (en todos los casos al finalizar las prácticas). Esto indica que los tutores de las distintas comisiones tienen un efecto sobre los puntajes de sus alumnos en dichas sub-escalas.

Cambios durante las Prácticas. Al evaluar la evolución de las escalas entre la toma realizada al principio y al finalizar la Práctica Docentes, se encontró:

- Una reducción significativa en todas las escalas del CRI.
- Un aumento significativo en todas las sub-escalas del ICSE.
- Ausencia de cambio significativo en Deseabilidad Social.

Predicción a partir de los resultados de Tutores. Al estudiar si las características de los Tutores permitirían predecir los puntajes de los Estudiantes, se observaron los siguientes resultados significativos:

- CRI: mayores puntajes de evitación en Tutores (al principio de las prácticas) se asociaron a menores puntajes de Aproximación en Estudiantes al finalizar las Prácticas.
- ICSE: mayores puntajes de Autoeficacia en Tutores (al principio de las prácticas) se asociaron a menores puntajes de Comunicación Expresiva en Estudiantes al finalizar las Prácticas.
- ICSE: mayores puntajes de Autoeficacia en Tutores (al principio de las prácticas) se asociaron a menores puntajes de Conciencia Emocional en Estudiantes al finalizar las Prácticas.
- ICSE: mayores puntajes de Optimismo en Tutores se asociaron a un mayor incremento de los puntajes de Empatía en Estudiantes durante las Prácticas.
- Deseabilidad social: hay una ausencia de efecto de la Deseabilidad Social en Tutores sobre la Deseabilidad Social en Estudiantes.

En la Tabla 5.28 se sintetizan estos hallazgos.

Tabla 5.28 *(a) Efectos de los Tutores sobre los resultados de CRI, BIDR e ICSE de Estudiantes al finalizar las Prácticas Docentes.*
(b) Los cambios en Estudiantes fueron significativos.
(c) Posibles predictores.

	Afrontamiento	Deseabilidad Social	Competencias Socioemocionales
	CRI	BIDR	ICSE
(a) Efecto de Tutores sobre CRI, BIDR e ICSE	SI	SI	SI
(b) Los cambios fueron significativos	SI	NO	SI
(c) Variables en los Tutores como predictores del cambio en Estudiantes	SI	NO	SI*

* Impacto significativo solo en algunas sub-escalas.

Nota: En los casos en los que se contaba con información de sujetos pero había algunos datos faltantes (escalas ICSE, CRI y de Deseabilidad Social), estos sujetos fueron incorporados en los análisis ya que los modelos lineales jerárquicos permiten incluir casos con información faltante en el Nivel 1, siempre y cuando cuenten con al menos una administración *(pre o post)* en la investigación. A partir de información de la muestra en general y de estos sujetos, los modelos permiten estimar aquellos datos faltantes. Al no excluir casos de los análisis, esto representa una solución a amenazas a la validez por mortandad de la muestra, mediante un abordaje sobre una población con intención de tratar (*intent-to-treat approach* [ITT]; Gupta, 2011). De esta manera, se limita la posibilidad de sesgos en los resultados, a partir de características diferenciales de los participantes que no completaron una de las tomas. A partir de esta estrategia, las muestras de las escalas ICSE, CRI y de Deseabilidad Social, estuvieron integradas por 206 participantes.

Resultados del Inventario de Respuestas de Afrontamiento (CRI)

a) Efecto de los Tutores: *CRI.*

Se observó un efecto significativo de los Tutores sobre los puntajes de todas las sub-escalas CRI al finalizar las Prácticas Docentes, con excepción de la sub-escala de Aproximación Conductual. Esto significa que en todas las sub-escalas del CRI (menos en Aproximación Conductual) el Tutor tuvo un efecto sobre los niveles de Afrontamiento de los alumnos al culminar el ciclo de prácticas.

Tabla 5.29 *Efecto de los Tutores sobre los puntajes del CRI en los Estudiantes al **finalizar** sus Prácticas.*
ICC = Coeficiente de Correlación Intra-Clase.

Sub-escalas del CRI	Varianza entre Tutores (Nivel 3)	Varianza entre Estudiantes (Nivel 2)	*ICC*	Porcentaje de varianza explicada por Tutor
Aproximación	0.7	59.4	0.01*	1%
Aproximación Cognitiva	1.1	14.5	0.07*	7%
Aproximación Conductual	0.0	17.4	0.0005	0.05%
Evitación	2.0	54.9	0.04*	4%
Evitación Cognitiva	0.4	11.8	0.03*	3%
Evitación Conductual	0.6	22.8	0.03*	3%

* El efecto de los Tutores es significativo ($ICC > .01$).

A partir los resultados que se muestran en la Tabla 5.29 se puede identificar el porcentaje de variabilidad en los puntajes de Afrontamiento de los alumnos, explicados por los Tutores. Por ejemplo, los resultados muestran que los Tutores explicaron el 7% de los puntajes de la sub-escala de Aproximación Cognitiva y el 3% de los puntajes de la sub-escala de Evitación Cognitiva de los alumnos.

Dado que es posible observar los efectos significativos de los Tutores, se utilizaron estos análisis de tres niveles para evaluar el cambio en el CRI durante la práctica y el efecto de predictores a nivel del Tutor, lo que se desarrolla en los puntos siguientes.

b) Cambios durante la práctica: *CRI.*

Como se puede observar en la Tabla 5.30, todas las sub-escalas del CRI presentaron un cambio significativo entre la primera y la última administración ($p < .01$). Los resultados negativos de todos los coeficientes implica que se observaron menores puntajes en todas las sub-escalas de Afrontamiento al finalizar las Prácticas. Dichos coeficientes representan el cambio promedio que se observó en cada sub–escala. Por ejemplo, en la respuesta de Afrontamiento por evitación, se observó una reducción promedio de 3.30 unidades entre el comienzo y la finalización de las prácticas; y en la escala de Afrontamiento, se observó una reducción promedio de 4.18 unidades entre el comienzo y la finalización de las prácticas (γ_{100}= -4.18, SD = 1.0).

Tabla 5.30 *Comparación en los puntajes del CRI en Estudiantes al* ***inicio*** *de las Prácticas y al* ***finalizar*** *las mismas. Para correr estos modelos se incluyó al momento de toma como predictor a nivel 1, fijando su efecto.*

Sub–escalas del CRI	Coeficiente γ_{100}	SD	$t(171)$	p
Aproximación	-4.2	1.0	-4.13	<0.001
Aproximación Cognitiva	-1.9	0.6	-3.34	0.001
Aproximación Conductual	-2.3	0.6	-3.78	<0.001
Evitación	-3.3	0.8	-4.07	<0.001
Evitación Cognitiva	-1.4	0.5	-2.67	<0.01
Evitación Conductual	-2.0	0.5	-4.15	<0.001

c) Efecto de variables de los Tutores como predictores de los puntajes del *CRI.*

Al analizar los niveles de Afrontamiento de los Tutores como predictores de los niveles de Afrontamiento de los Estudiantes, se encontró únicamente un efecto significativo: los puntajes de los Tutores en la sub–escala de Evitación, que se asociaron significativamente con el cambio producido en la sub–escala de Aproximación en los Estudiantes durante las Prácticas (γ_{102}= -0.37, SD = 0.15, $t(171)$ = -2.4, p = 0.02).

Esto implica que una unidad de aumento en los puntajes de Evitación de los Tutores se asoció a una reducción de 0.37 en los puntajes de aproximación de los Estudiantes. En otras palabras, cuanto más evitativos eran los Tutores, más tendían a reducirse las respuestas de Afrontamiento por Aproximación en los Estudiantes durante las prácticas.

Resultados del Inventario Balanceado de Respuesta Deseable (Deseabilidad Social, BIDR).

a) Efecto de los Tutores: *Deseabilidad Social.*

Tabla 5.31 *Efecto de los Tutores sobre los puntajes de Deseabilidad Social en los Estudiantes al **finalizar** las Prácticas.*
ICC = Coeficiente de Correlación Intra-Clase.

Escalas de Deseabilidad Social	Varianza entre Tutores (Nivel 3)	Varianza entre Estudiantes (Nivel 2)	*ICC*	Porcentaje de varianza explicada por Tutor
Deseabilidad Social Total	8.9	97.9	0.08*	8%
Manejo de Impresión	16.0	180.2	0.08*	8%
Autoengaño	46.8	435.4	0.10*	10%

* El efecto de los Tutores es significativo ($ICC > .01$).

Como muestra la Tabla 5.31, los Tutores tuvieron un efecto significativo sobre los niveles de Deseabilidad Social alcanzados por los Estudiantes al finalizar las Prácticas. El Tutor de las comisiones explicó el 8% de la variabilidad en Deseabilidad Social, el 8% en Manejo de impresión y el 10% en Autoengaño.

b) Cambios durante las Prácticas: *Deseabilidad Social.*

Tabla 5.32 *Cambio en los puntajes de Deseabilidad Social en los Estudiantes registrados al **finalizar** las Prácticas.*

Escalas de Deseabilidad Social	Coeficiente γ_{100}	*SD*	$t(171)$	*p*
Deseabilidad Social Total	1.0	0.8	1.23	0.22
Manejo de Impresión	0.0	1.0	0.00	0.99
Autoengaño	0.9	1.3	0.70	0.49

En cambio, como lo refleja la Tabla 5.32, no se observaron cambios significativos en los puntajes totales o sub-escalas de Deseabilidad Social ($p > .05$). Esto implica que los Estudiantes no presentaron modificaciones en estos constructos durante las prácticas realizadas.

El modelo incluyó el momento de la toma como predictor a Nivel 1, fijando su efecto.

c) Efecto de variables de los Tutores como predictores de los puntajes de *Deseabilidad Social* de los Estudiantes.

Al investigar si los niveles de Deseabilidad Social de los Tutores podrían ser predictores de los puntajes de Deseabilidad Social de los Estudiantes no se encontraron efectos estadísticamente significativos.

En otras palabras, la Deseabilidad Social de los Tutores no estuvo asociada ni a los niveles de Deseabilidad Social de los Estudiantes al finalizar las Prácticas ni al cambio en los puntajes de Deseabilidad Social durante las mismas.

Resultados del Inventario de Competencias Socioemocionales (ICSE)

a) Efecto de los Tutores: *ICSE.*

Como se presenta en la Tabla 5.33, se encontró un efecto significativo de los Tutores, sobre todas las sub-escalas del ICSE en los Estudiantes, con excepción de las sub-escalas Empatía y Comunicación Expresiva.

Tabla 5.33 *Efecto de los Tutores sobre los puntajes del ICSE en los Estudiantes al* ***finalizar*** *las Prácticas.*
ICC = Coeficiente de Correlación Intra-Clase.

Sub-escalas del ICSE	Varianza entre Tutores (Nivel 3)	Varianza entre Estudiantes (Nivel 2)	*ICC*	Porcentaje de varianza explicada por Tutor
Asertividad	0.000 01	0.0001	0.10*	10%
Autoeficacia	0.000 01	0.0001	0.13*	13%
Autonomía	0.000 01	0.0003	0.04*	4%
Comunicación Expresiva	0.0001	0.05	0.001	0.1%
Conciencia Emocional	0.0001	0.0013	0.05*	5%
Empatía	0.0001	0.06	0.001	0.1%
Optimismo	0.01	0.02	0.19*	19%
Comportamiento Prosocial	0.000 01	0.0001	0.01*	1%
Regulación Emocional	0.000 01	0.0001	0.13*	13%

* El efecto de los Tutores es significativo ($ICC > .01$).

b) Cambios durante las Prácticas: *ICSE.*

Los resultados que se muestran en la Tabla 5.34 manifiestan la existencia de un cambio significativo en todas las escalas del ICSE, entre la administración previa y posterior a la práctica (p <0.001). En todos los casos, los Estudiantes al finalizar las Prácticas tenían mayores puntajes que al iniciarlas.

Como se puede apreciar todos los coeficientes γ_{100}, que representan el cambio promedio que se observó en cada sub-escala, son positivos.

Tabla 5.34 *Cambio en los puntajes del ICSE en Estudiantes, entre el* ***inicio*** *las Prácticas Docentes y su* ***finalización.***

Sub-escalas del ICSE	Coeficiente γ_{100}	*SD*	$t(171)$	*p*
Asertividad	0.71	0.06	11.85	<0.001
Autoeficacia	1.30	0.06	22.89	<0.001
Autonomía	1.02	0.06	18.07	<0.001
Comunicación Expresiva	0.54	0.05	10.79	<0.001
Conciencia Emocional	1.62	0.05	33.04	<0.001
Empatía	0.96	0.07	14.84	<0.001
Optimismo	0.88	0.05	16.89	<0.001
Comportamiento Prosocial	1.25	0.05	26.55	<0.001
Regulación Emocional	0.84	0.06	13.96	<0.001

c) Efecto de variables de los Tutores como predictores de los puntajes del *ICSE.*

Debido a la cantidad de sub-escalas con las que cuenta el ICSE, se realizaron análisis exploratorios para identificar sub-escalas del ICSE en los Tutores que podrían ser buenos candidatos para predecir los puntajes de los Estudiantes.

Se encontraron así tres efectos significativos:

i) Mayores puntajes de Autoeficacia en el Tutor se vieron asociados a menores niveles de Comunicación Expresiva en el alumno al finalizar las prácticas, γ_{001}= -0.17, SD = 0.08, $t(20)$= -2.204, p= 0.04.

ii) Mayores puntajes de Autoeficacia en el Tutor también se vieron asociados a menores niveles de Conciencia Emocional en el alumno al finalizar las prácticas, γ_{100}= -0.17, SD = 0.07, $t(20)$= -2.377, p = 0.03.

iii) Mayores puntajes de Optimismo en el Tutor se asociaron a un mayor incremento en los puntajes de Empatía durante las prácticas, γ_{101}= 0.27, *SD* = 0.11, *t*(172)= 2.452, *p* = 0.02.

Abandono de las prácticas

Objetivo del análisis: Observar si la probabilidad de que los alumnos abandonen las prácticas está asociada a variables de los Estudiantes y/o de los Tutores.

Método utilizado: Modelos lineales jerárquicos generalizados de dos niveles, con distribución Bernoulli (Raudenbush y Bryk, 2002; Woltman et al., 2012).

Estos análisis se realizaron sobre los resultados de las escalas que contaban con casos de abandono: CRI, Deseabilidad Social y ICSE.

Resultados de las escalas CRI, Deseabilidad Social BIDR e ICSE

CRI: no se observó un efecto significativo de los niveles de Afrontamiento de los Estudiantes ni de los Tutores sobre la probabilidad de que abandonaran las prácticas.

Deseabilidad Social: al estudiar los efectos de la Deseabilidad Social sobre la probabilidad de que los Estudiantes abandonen las prácticas, se observó un efecto significativo tanto de los puntajes de Deseabilidad Social total, (γ_{10}= -0.04, *SD* = 0.02, *t*(21)= -2.28, *p* = 0.03), como de los puntajes de Autoengaño en los Estudiantes, (γ_{10}= -0.02, *SD* = 0.01, *t*(21)= -2.16, *p* = 0.04).

Los Estudiantes tuvieron mayores probabilidades de abandonar las Prácticas al tener menores puntajes de Deseabilidad Social total al comenzar la práctica y/o menores puntajes en la sub-escala de Autoengaño al comenzar la práctica.

Los niveles de Deseabilidad Social de los Tutores, en cambio, no predijeron la probabilidad de abandono de los Estudiantes.

ICSE: al analizar el efecto de los puntajes de ICSE de los Tutores y de los Estudiantes, sobre la probabilidad de que los Estudiantes abandonen las prácticas, no se encontraron efectos significativos en ninguna de las sub-escalas.

En la Tabla 5.35 se sumarizan estos resultados, en donde se destaca que únicamente los resultados de Deseabilidad Social de Estudiantes está correlacionado con su probabilidad de abandonar sus Prácticas.

Tabla 5.35 *Efectos de los resultados de CRI, BIDR e ICSE de Tutores e Estudiantes en el abandono de las Prácticas Docentes por estos últimos. Las tomas se realizaron* ***antes*** *que los Estudiantes iniciaran sus Practicas Docentes. Solo los resultados de BIDR de Estudiantes están correlacionados con la probabilidad de abandono de las Prácticas.*

	Afrontamiento	Deseabilidad Social	Competencias Socioemocionales
	CRI	BIDR	ICSE
Tutores	NO	NO	NO
Estudiantes	NO	SI	NO

Efectos del ICSE sobre los puntajes del CRI

Objetivo del análisis: Estudiar si los puntajes del ICSE de los Estudiantes pueden ser un predictor temporal a Nivel 1 de los puntajes CRI.

Método utilizado: se realizaron modelos HLM de tres niveles, proponiendo a los distintos puntajes del ICSE como predictor temporal a Nivel 1 de los puntajes (variando temporalmente, en modelos separados para cada sub-escala).

Se estudiaron diferentes combinaciones entre las variables y se encontraron numerosas correlaciones positivas. Dada la gran cantidad de combinaciones analizadas, en la Tabla 5.36 se presentan únicamente aquellas que resultaron estadísticamente significativas.

Como se puede observar en la Tabla 5.36 todas las asociaciones que fueron estadísticamente significativas son positivas, lo que implica que mayores puntajes en el ICSE se asocian con mayores puntajes en el CRI. En otras palabras, los Estudiantes que presentaron puntuaciones más altas en las sub-escalas señaladas del ICSE, tendieron a presentar, a su vez, puntuaciones más altas en las sub-escalas del CRI al finalizar las Prácticas.

Es decir que es posible utilizar algunos resultados las Competencias Socioemocionales como predictor de ciertos valores de Afrontamiento de Estudiantes al finalizar sus Practicas Docentes.

Tabla 5.36 *Efectos de las sub-escalas del ICSE sobre las sub-escalas del CRI. Se presentan sólo aquellas combinaciones que fueron estadísticamente significativas.*

Variable dependiente (CRI)	Predictor (ICSE)	Coeficiente γ_{100}	*SD*	$t(135)$	*p*
Aproximación Conductual	Optimismo	1.44	0.7	2.21	0.029
Aproximación	Optimismo	2.55	1.1	2.29	0.024
Evitación Conductual	Optimismo	1.30	0.6	2.34	0.021
Evitación	Optimismo	2.05	0.9	2.21	0.029
Evitación Conductual	Comportamiento Prosocial	1.65	0.6	2.72	0.007
Evitación	Comportamiento Prosocial	2.71	1.0	2.66	0.009

Discusión de los resultados obtenidos

A partir de los resultados obtenidos se vuelve necesario analizar y reflexionar sobre cada una de las hipótesis que se han planteado como pilares de la investigación.

Sobre las Respuestas de Afrontamiento

Los datos relevados confirman la primera hipótesis que explicita que las respuestas de Afrontamiento movilizadas por los futuros profesores en el proceso de formación pueden analizarse en el marco de sus Prácticas Docentes.

Al evaluar el patrón de respuestas de Afrontamiento de los Estudiantes de Profesorado, se puede observar —tanto al inicio como al finalizar las prácticas— un perfil con un predominio de respuestas por aproximación por sobre las respuestas de evitación.

Al iniciar las Prácticas Docentes en las respuestas por aproximación predominan las de Análisis Lógico y Resolución de Problemas, observándose una primacía de la primera por sobre el segundo tipo de respuesta. Los valores más bajos pueden observarse en las respuestas por Aceptación o Resignación y Descarga Emocional (respuestas de evitación).

Al finalizar las Prácticas Docentes también se ha podido observar que hay un predominio de respuestas por aproximación, pero es significativo que se invierte el orden: aparecen con mayor frecuencia la Resolución de Problemas seguida por el Análisis Lógico. En los valores más bajos se repiten las respuestas de evitación señaladas anteriormente (Descarga Emocional y Aceptación o Resignación).

El Análisis Lógico da cuenta de los intentos cognitivos de comprender y prepararse mentalmente para enfrentar un estresor y sus consecuencias a la hora de afrontar la situación como futuros profesores en sus prácticas de enseñanza. Por ejemplo, sostienen la necesidad de pensar diferentes maneras de enfrentar un problema que se le presenta al realizar sus prácticas; resaltan como importante tomar distancia del problema y poder analizarlo, fundamentalmente a partir de compartir lo que sucede con colegas o especialistas o pidiendo ayuda a quienes hayan atravesado una situación similar. También se refieren a la toma de decisiones a partir de pensar sobre lo que harían o dirían, planificando sus acciones, de manera de prever acciones evitando improvisaciones.

En tanto que la Resolución de Problemas, el otro tipo de estrategia predominante, refiere a los intentos conductuales que se caracterizan por la movilización de recursos y la realización de acciones conducentes directamente al problema, con el fin de resolverlo. Por ejemplo, se refieren a intentar diferentes formas de solucionar el problema; a la decisión de sostener una forma que consideraba la mejor para enfrentarlo y llevarla a cabo.

Lo hasta aquí explicitado va en el mismo sentido que lo hallado en la investigación sobre Estrés y Afrontamiento en estudiantes universitarios chilenos, realizada por Farkas (2002). Analiza que los alumnos de la Carrera de Psicología mencionan, en relación con el Afrontamiento del estrés, en primer lugar, la búsqueda de solución directa del problema, luego la reestructuración cognitiva y posteriormente llevar a cabo medidas para tranquilizarse.

Estos estudiantes reportan utilizar más las estrategias de reestructuración cognitiva que los estudiantes de otras carreras universitarias.

Otra investigación sobre estrategias de Afrontamiento en estudiantes de Psicología realizada por Sicre y Casaro (2014) coindice con los resultados obtenidos, dado que señalan que el tipo de estrategia de Afrontamiento predominante utilizada por los estudiantes de su población es Afrontamiento por aproximación cognitiva, que comprende los esfuerzos cognitivos para entender y prepararse mentalmente para enfrentar un elemento generador de estrés y sus consecuencias. Aseveran que la aproximación cognitiva fue mayor en estudiantes de quinto año que en estudiantes de primero, lo que posibilitaría deducir que puede deberse a una mayor experiencia académica, que provee mayores recursos para hacer frente a los problemas del ámbito.

En cuanto a las respuestas de evitación, se releva que presentan un valor más bajo en el perfil de estudiantes de profesorado. Entre ellas predomina la Aceptación o Resignación, lo que indica que, frente a la situación de afrontar las Prácticas Docentes, los estudiantes se perciben con dificultades para resolver algún problema. Visualizan la complejidad del problema suponiendo que les excede sus posibilidades de buscar estrategias para su resolución. Tiende a predominar en ellos una actitud de desesperanza que lleva a la Resignación y Aceptación de tal situación. Por ejemplo, manifiestan aceptar la dificultad sin hacer nada para transformarla o postergan la posibilidad de pensar en la situación. Otros afirman que se daban cuenta que no podían controlar el problema, sin pensar en alguna forma de solucionarlo.

La Descarga Emocional, por otra parte, da cuenta de los intentos conductuales de reducir la tensión expresando sentimientos negativos. Esta variable parece reflejar el modo por el cual los futuros profesores en este contexto tienden a canalizar sus sentimientos negativos y la incapacidad para llevar a cabo estrategias más activas que tiendan a la resolución del problema. En estudios realizados sobre este tipo de respuesta se ha encontrado que está asociada con una baja autoestima y confianza en sí mismo (Mikulic y Crespi, 2008), lo que constituye un factor de riesgo personal.

A partir de lo hasta aquí dicho se ha confirmado que las Prácticas Docentes son situaciones altamente estresantes. Los indicadores relevados en esta investigación podrán ser fuentes para trazar coordenadas que permitan analizar el conjunto de los problemas que involucra la preparación para enseñar. La formación inicial es un espacio y tiempo que no se agota en la transmisión de saberes necesarios para enseñar, sino un dispositivo que abre la posibilidad de acompañar sus primeras prácticas en formación. Allí numerosas circunstancias, propias de la complejidad del acto de enseñar, podrán ser analizadas para anticipar posibles acontecimientos que pueden darse a lo largo de su trayectoria docente (García Labandal, 2017).

La función de los tutores es generar espacios de reflexión, deconstrucción y construcción que contribuyan a intercambiar, crear y recrear diversos sentidos posibles en la enseñanza y resignificaciones propias, a partir de matrices modernizadoras sobre las que trabajar en la formación docente inicial, desde la experiencia de dispositivos específicos.

En el perfil de los Tutores de Prácticas se observa un predominio de respuestas por aproximación por sobre las respuestas de evitación, como se ha señalado en los estudiantes. Este resultado tiene sentido en tanto los profesores Tutores propician la reflexión y el desarrollo del pensamiento crítico en la acción docente de estos alumnos. Desde esta perspectiva, señala Davini (2015) el desarrollo de una pedagogía centrada en la acción reflexiva y con permanente búsqueda de sustentación racional a las decisiones conduce a la verdadera formación profesional docente.

Al igual que en los estudiantes, en relación con las respuestas de Afrontamiento por Aproximación, se observa el predominio del Análisis Lógico. La acción tutorial se constituye como un elemento inherente a la actividad docente en el marco de un concepto integral de la educación (Sepúlveda Ruiz, 2000). Los Tutores reconocen la importancia de resignificar los problemas que presentan las Prácticas que desarrollan sus alumnos, a partir de discusiones con colegas, intercambio de ideas con especialistas. Resaltan la importancia de la interacción como una manera de tomar distancia del problema para analizarlo y construir alternativas para enfrentarlos.

Se resaltan los valores altos en Revalorización Positiva que surgen en las respuestas de los Tutores. Ello refiere a los intentos cognitivos de reestructurar un problema en un sentido positivo, aceptar la realidad para intervenir significativamente en ella. Esto indica que en muchos casos los profesores encuentran un camino para enfrentar distintas situaciones adversas a través de la resignificación positiva de los hechos, como generadores de oportunidades. Llevar adelante un dispositivo de acompañamiento, desde un marco colaborativo, entre profesores y pares de Prácticas Docentes, pretende contribuir a la revisión y reconstrucción de los estilos y modalidades de enseñanza.

En cuanto a las respuestas de Afrontamiento por Evitación presentan valores muy bajos. Una de ellas es la Evitación Cognitiva que refiere a los intentos cognitivos de evitar pensar en el problema. Esto indicaría que para atravesar las situaciones como menos estresantes, los Tutores tenderían a negar una situación o a evitar pensar en ella, lo que generaría un empobrecimiento en sus posibilidades de bienestar y control sobre la situación.

Por otro lado, se observa que presenta valores bajos la respuesta de Aceptación o Resignación. Este resultado se encuentra estrechamente vinculado con la función y la formación que tienen los Tutores: desarrollan estrategias que posibilitan la realización efectiva de las prácticas docentes de los profesores en formación. Los Tutores de prácticas deben trabajar para favorecer la adquisición de las capacidades que posibiliten conducir "buenas" clases, tanto en su proceso global de formación como en el proceso específico de formación en las prácticas (García Labandal, 2017).

Concluyendo, como se postuló al inicio, las respuestas de Afrontamiento movilizadas por los futuros profesores en el proceso de formación pueden analizarse en el marco de sus Prácticas Docentes. Los tipos de Afrontamiento más empleados por los estudiantes son el Afrontamiento activo, la planificación y la reinterpretación positiva, los cuales pertenecen fundamentalmente a los estilos de afrontar centrados en la solución de los problemas.

Sobre las Competencias Socioemocionales

Con respecto a la segunda hipótesis los datos relevados confirman que las Competencias Socioemocionales de los futuros profesores, que son específicas para el campo de la docencia, se despliegan en el proceso de formación en el marco de sus Prácticas Docentes. Durante su participación en el dispositivo de formación, los estudiantes descubren la necesidad de manejar las tensiones y sentimientos que pueden surgir en el acto educativo, máxime en tiempos inciertos y complejos como los actuales.

Entre las Competencias Socioemocionales percibidas por los Estudiantes de Profesorado al inicio de las Prácticas Docentes se visualizan con valores medios más altos, las competencias de Conciencia Emocional; Comportamiento Prosocial y Autoeficacia. Por otro lado, las competencias percibidas con valores más bajos son Regulación Emocional; Asertividad y Comunicación Expresiva. Al finalizar las Prácticas Docentes se conservan con valores medios más altos las mismas competencias, pero emerge resaltado el Optimismo.

Los cursantes del Profesorado manifiestan comprender y reconocer las emociones que emergen en sus Prácticas de enseñanza. En otras palabras, pueden decodificar algunas señales en su cuerpo, por ejemplo, movimientos faciales o cambios en la voz. Sostienen que tienen eficacia para lograr aquello que desean cuando se encuentran dando clase.

Reconocen aquellas acciones que realizan para ayudar a sus alumnos en la práctica, sus intentos por comprenderlos, apoyarlos en sus avances en el aprendizaje, reforzar sus logros.

La mayor dificultad se observa cuando deben regular sus emociones: refieren que por momentos la angustia los invade o que muchas veces no logran relajarse, tranquilizarse a sí mismos cuando aparecen hechos que no pudieron anticipar. Es necesario reconocer que al ser sus primeras prácticas como docentes la ansiedad, el nerviosismo es propio como en toda situación deseada pero nueva para su vida.

En su experiencia como alumnos fueron pocos los espacios donde se los ubicó como sujetos activos, como interlocutores válidos. El dispositivo de formación implica un cambio, una transformación en su trayectoria educativa. Expresan dificultades para explicitar sus desacuerdos o defender su posición, tal vez remitiéndose a su experiencia donde ser alumno era cumplir con un oficio de sumisión.

Otro elemento relevante para analizar son sus expresiones sobre las dificultades que tienen para establecer vínculos afectivos y para sostener/mantener actividades intersubjetivas. Comprender que esta actitud no favorece su desarrollo profesional, sin embargo, tanto al inicio como al finalizar las Prácticas se sostiene esta competencia como problema.

Es significativa la aparición del Optimismo al finalizar su experiencia como docente. Da cuenta de un buen recorrido, refleja un trabajo comprometido y colaborativo de sus pares y del tutor. Sienta las bases para continuar desarrollándose en esta profesión. La actitud positiva ante posibles adversidades lo ubica en otro espectro de posibilidades frente a la complejidad que implica la enseñanza y el aprendizaje en instituciones educativas.

Uno de los aspectos que se intentó revisar fue conocer si los estudiantes que eligen la carrera de profesorado de Psicología ya contaban con Competencias Socioemocionales desarrolladas o si estas se desarrollan en el transcurso de la cursada. Para ello se realizaron comparaciones con otras poblaciones como se señala en el apartado de metodología.

Por un lado, la comparación del perfil de Competencias Socioemocionales percibidas por los estudiantes de profesorado y por un grupo avanzado de estudiantes de la Carrera de Psicología de la UBA, advierte diferencias significativas en la valoración de las competencias de Optimismo, Autoeficacia, Comunicación Expresiva, Regulación Emocional y Autonomía. Por otro lado, al comparar el perfil de Competencias Socioemocionales percibidas por los estudiantes de profesorado y un grupo de población general, se perciben diferencias significativas en las todas las Competencias Socioemocionales.

Al analizar los valores medios, en los tres grupos analizados, en Competencias Socioemocionales percibidas, se observa que los estudiantes del Profesorado refieren a ellas de forma más explícita, lo cual redunda en valores más elevados en esta población.

Al analizar los datos es posible remarcar que las Competencias Socioemocionales percibidas presentan valores medios altos desde el inicio de la cursada, lo que permitiría afirmar que aquellos que eligen la carrera de Profesorado de Psicología presentan un patrón o un comportamiento similar en lo que respecta a las Competencias Socioemocionales. Podría pensarse entonces, como sostienen Fernández Berrocal y Extremera (2002), que este patrón de comportamiento es incentivado durante la formación docente en tanto los educadores son los principales líderes emocionales de sus alumnos. La capacidad de los profesores para captar, comprender y regular las emociones de sus alumnos es el mejor índice del equilibrio emocional de las clases.

Se reafirma lo señalado por Zahonero y Martin (2012) quienes explicitan que los aspectos afectivos son considerados como eje conductor de la función docente y el éxito del profesorado está focalizado, más allá de los conocimientos por lograr, que los estudiantes se desarrollen como personas integradas en la sociedad y dispongan de Competencias Socioemocionales que les posibiliten afrontar retos de la vida cotidiana.

La formación inicial y permanente de los docentes en Competencias Socioemocionales implica garantizar la promoción del bienestar y rendimiento laboral de los futuros profesores (Extremera y Fernández Berrocal, 2004). Pero para que los estudiantes desarrollen las CSE es preciso que los docentes las dominen, pues el profesorado constituye un referente de aprendizaje constante para el alumnado (Comellas, 2002; Extremera y Fernández Berrocal, 2004) y les suscita actitudes, comportamientos, emociones y sentimientos (Cabello, Ruiz Aranda y Fernández Berrocal, 2010). Es decir que si los profesores saben expresar sus emociones esta capacidad se fomentará indirectamente en sus estudiantes (Calderón, González, Salazar y Washburn, 2014). Es nodal que los docentes dispongan de capacidad para generar y mantener emociones positivas para mitigar estados emocionales negativos y mejorar el bienestar docente y de los alumnos (Fernández Berrocal y Ruiz Aranda, 2008).

Al analizar el perfil de Competencias Socioemocionales percibidas por los estudiantes de profesorado se advierten diferencias significativas entre el inicio y finalización de las Prácticas Docentes de los futuros profesores que cursan el Profesorado de Psicología en las competencias de Asertividad y Regulación Emocional: los valores medios en tales competencias son más elevados en el período de finalización.

Al finalizar las Prácticas Docentes los estudiantes perciben mayor desarrollo en la competencia de Asertividad. Llacuna Morera y Pujol Franco (2004) en una investigación realizada en el Ministerio de Trabajo y Asuntos Sociales, en España, explicitaron que en el lugar de trabajo hay que dirigir los esfuerzos para adquirir y mantener unas buenas habilidades sociales con el entorno laboral que aporten un valor añadido a los conocimientos y una capacidad respecto a la profesión que se ejerce. Ellos concluyen que resulta importante lograr una comunicación asertiva que haga valer los derechos de cada uno para ser tratados de manera justa, para ello se debe expresar de manera clara y específica lo que en realidad se quiere, piensa y siente. Señalan que una conducta asertiva facilita un flujo de información en los grupos de trabajo y potencia la creación de más de una solución a los posibles problemas laborales que vayan surgiendo, dichos problemas cuando surgen y son transmitidos de forma asertiva reciben diversas alternativas y puntos de vista permitiendo una resolución adecuada. Así, la Asertividad puede ser considerada como una variable predictora de éxito en la marcha de las organizaciones.

Triana Quijano y Velásquez Niño (2014), en la Universidad de los Andes, Colombia, en una investigación sobre comunicación asertiva en los docentes y clima emocional en el aula, señalaron que el papel del docente es fundamental: tiene la doble tarea de dar ejemplo y de dirigir las acciones que conduzcan a que los estudiantes establezcan relaciones armoniosas tendientes al bienestar individual y del grupo, a promover la participación de los alumnos en la toma de decisiones y solución de problemas, a reconocer la individualidad, y a respetar y valorar las diferencias. Estos autores expresan que si bien son necesarias otras competencias (manejo de emociones, responsabilidad por las acciones, etcétera) que se pueden relacionar con la construcción de un clima emocional del aula positivo; deciden centrarse en la Asertividad como competencia comunicativa esencial para el ejercicio docente.

En la misma línea, Cadoche y Prendes (2010), en una investigación realizada en la Universidad Nacional del Litoral sobre Aprendizaje Cooperativo en el aula universitaria, explicitan que la Asertividad puede definirse como una conducta que permite a una persona actuar guiada por sus intereses más profundos, expresar sus sentimientos con honestidad y ejercer sus derechos respetando los de los demás. Los autores señalan que esta habilidad es de gran utilidad en el contexto educacional, en tanto que los estudiantes asertivos trabajarán con confianza con sus compañeros y docentes, resolverán con éxito los conflictos y se comunicarán con sinceridad, tendrán iniciativa, capacidad de autogestión, motivación para el logro de los objetivos, es decir que podrán asumir compromisos y protagonismo sobre los resultados de su trabajo, mejorando su rendimiento y corrigiendo ellos mismos sus errores. Ellos comprueban que esta habilidad se incrementa a través del trabajo cooperativo.

En el espacio del profesorado universitario se busca formar profesionales idóneos y competentes, capaces de formar parte de equipos de trabajo de buen desempeño y orientados a metas competitivas. Esto implica que se intenta desarrollar la capacidad asertiva en cada uno de los integrantes de dichos equipos, de modo que esta les permita expresar desacuerdos y superar la tendencia a la autocomplacencia que a veces lleva a actuar bajo un pensamiento grupal dominante y conduce a las personas a perder de vista el sentido común y la capacidad de crítica ante lo que se está realizando.

El desarrollo progresivo de la Asertividad es fundamental, para que un futuro profesor pueda sostener sus ideas y creencias con seguridad, sea hábil para comunicarse o competente en lo relacionado a la confianza en sí mismo y en los demás. Un docente debe poder ofrecer argumentos para sus decisiones o para conducir un grupo de estudiantes a su cargo con seguridad y eficacia y ser diestro en la resolución de conflictos (Díaz Torres y Rodríguez Gómez, 2010).

Por ello resulta necesario que los formadores de profesionales construyan espacios educativos que prioricen estos comportamientos asertivos. A lo largo del desarrollo de la cursada en el trayecto de formación en las Prácticas Docentes esta competencia se incrementa, en tanto el aprendizaje cooperativo en el marco de comunidades de aprendizaje posibilita mejorar las habilidades intelectuales y sociales (habilidades de comunicación, confianza, resolución de conflictos, y liderazgo) de los estudiantes que en ellas participan.

Otro aspecto que se considera interesante analizar es el mayor desarrollo en la competencia Regulación Emocional dado que aparece con un mayor valor al finalizar las Prácticas Docentes los futuros profesores. Es decir, señalar un mayor manejo de sus emociones implica el desarrollo de estrategias de control, como las maneras de modular, inhibir intensificar o disminuir reacciones ante situaciones desencadenantes de emociones.

Bergallo y Roldán (2014), en la Universidad Nacional de Mar del Plata arriban a que los procesos de socialización son una de las muchas formas posibles de influencia sobre el desarrollo de las diferencias individuales en la regulación emocional. Por ello señalan que los contextos socio-culturales pueden promover a sus individuos a expresar ciertas emociones cuando las experimentan, a inhibir ciertas emociones cuando se las experimenta, a expresar ciertas emociones aun cuando no se las experimente y a no expresar emociones que no se experimenten.

Diversas investigaciones han demostrado el importante rol que tiene la regulación emocional para el rendimiento en el aula (Gargurevich, 2008). Esto podría servir de base para acciones de prevención e intervención en jóvenes en este ámbito educacional, favoreciendo, por ejemplo, la revisión de sus estilos vinculares y la promoción del uso de estrategias de regulación emocional que sean adaptativas.

El desarrollo de una relación positiva requiere que tanto el profesor como el estudiante utilicen componentes de su competencia social, tales como habilidades sociales (buen contacto visual, saber cuándo hay que iniciar y detener una conversación, etc.), así como la capacidad de inhibir conductas negativas (como la agresión) y regular sus emociones. En consecuencia, es muy importante que los profesores desarrollen una buena regulación emocional y operen como guía y modelo para sus estudiantes (Ramia, 2014).

Otras investigaciones demuestran que la regulación emocional actúa como una variable mediadora entre el desempeño docente y la realización personal (Augusto, Aguilar y Salguero, 2008; Extremera, Fernández Berrocal y Durán, 2003). La regulación emocional es una competencia que posibilita dar respuesta adecuada a las demandas que presentan en el rol (Bisquerra, Pérez y García, 2015; Cabello, Ruiz Aranda y Fernández Berrocal, 2010; Mayer, Roberts y Barsade, 2008; Mearns y Cain, 2003), que les permitiría, a los profesores, superar situaciones estresantes y de desgaste emocional.

En coincidencia con los resultados obtenidos en las respuestas de los futuros profesores se encuentran los estudios en educación socioemocional de Bisquerra et al., 2015; Brackett, Rivers, Shiffman, Lerner y Salovey, 2007; Cabello, Sonnentag y Geurts, 2009, Ruiz Aranda y Fernández Berrocal, 2010. Estas investigaciones revelan que aquellas personas que participan en programas de aprendizaje socioemocional en educación mejoran en su capacidad para identificar y manejar emociones y exhibir mayores competencias para el cuidado.

Los resultados de esta investigación son concomitantes con los de Extremera y Fernández Berrocal (2002), quienes señalan que el conocimiento emocional del docente es un aspecto fundamental para el aprendizaje y el desarrollo de estas competencias en los alumnos porque el profesor se convierte en un modelo de aprendizaje vicario a través del cual el alumno aprende a razonar, expresar, y regular todas esas pequeñas incidencias y frustraciones que transcurren durante el largo proceso de aprendizaje en el aula. El desarrollo de las habilidades de inteligencia emocional en el profesorado no sólo servirá para conseguir alumnos emocionalmente más preparados para desarrollar sus Prácticas Docentes, sino que además ayudará al propio profesor a adquirir habilidades de Afrontamiento que le permiten ubicarse en una posición colaborativa con respecto a sus alumnos, enriqueciéndose sus propias acciones de enseñanza.

En otras palabras, el desarrollo progresivo de la regulación emocional a lo largo del trayecto de las Prácticas Docentes marca que los futuros profesores presentan una mayor capacidad para percibir, comprender y regular las emociones propias y la de los demás. Esto les posibilitará contar con los recursos necesarios para afrontar mejor los eventos estresantes de tipo laboral y manejar más adecuadamente las respuestas emocionales negativas que frecuentemente surgen en las interacciones que mantienen con los compañeros de trabajo y los propios alumnos.

Una competencia que se visualizó con valores medios más altos, al finalizar las Prácticas Docentes, es el Optimismo. Se trata de una herramienta cognitiva: una expectativa que tiene su base en las explicaciones causales que sostienen las personas para explicar los sucesos que experimentan. Este estilo explicativo optimista influirá en la orientación que le den a los hechos que le suceden en su vida, en nuestro caso a los referentes a la vida académica. Dentro de esta perspectiva salugénica podría potencialmente enmarcarse en las Competencias Socioemocionales, enfatizando que las relaciones sociales apoyadas en el optimismo son fuente de satisfacción y bienestar. Por tanto, a un mayor optimismo mayor repertorio de habilidades de Afrontamiento.

Estudios precedentes, como los de Rodríguez Martín y Rodríguez Ledo (2011), demuestran que la ampliación cognitiva y comportamental producida por estilos optimistas, y sus característicos niveles altos de motivación y logro, determinarán la implementación de prácticas exploratorias orientadas hacia la búsqueda de situaciones y contextos en los que las Competencias Socioemocionales se verán favorecidas.

Considerando los datos relevados se puede señalar que, si bien la Regulación Emocional se sostiene con valores medios bajos en los futuros profesores, al incrementarse el Optimismo se observa una tonalidad diferente en aquellas competencias y recursos que permiten afrontar creativamente las múltiples situaciones de interacción y comunicación que suceden en la institución educativa.

En cuanto a la comparación de las Competencias Socioemocionales según Género puede observarse que hay diferencias significativas en Conciencia Emocional, Comunicación Expresiva y Regulación Emocional. Al inicio de las Prácticas Docentes las mujeres presentan niveles más altos en las competencias de Conciencia Emocional y Comunicación Expresiva mientras que los hombres registran niveles más altos de Regulación Emocional. Por lo cual las mujeres parecen tener más conciencia de sus emociones y desde ellas pueden comunicar lo que les sucede a sus profesores, mientras que los hombres no aparecen invadidos por sus emociones a la hora de dar una clase.

En otras investigaciones realizadas se encuentran algunas coincidencias con estos resultados. Saarni (2000), explicita que hay una tendencia a asumir que las mujeres regulan las expresiones emocionales mejor; sin embargo, no se han explorado suficientemente los factores que afectan a la motivación de los hombres en relación con la regulación emocional. Davis (1995), tras explorar la hipótesis de que las mujeres presentan una mayor motivación que los hombres para regular sus expresiones emocionales, concluyó que, si bien ambos se sienten motivados para enmascarar sus emociones, la habilidad de las mujeres para ponerlo en práctica es superior. Candela Agulló, Barberá Heredia, Ramos López y Sarrió Catalá (1997) realizaron una investigación sobre la Inteligencia Emocional y la variable género y concluyeron que las mujeres parecen tener mayores habilidades interpersonales, y son más hábiles a la hora de percibir y comprender las emociones. Por otra parte, los varones se destacan en habilidades de control de impulsos y tolerancia al estrés.

En otros términos, en la indagación realizada los hombres tienen mayores niveles de autorregulación emocional ante las situaciones de estrés y pueden regular sus estados emocionales negativos y por ende propiciar una mejor salud mental. Sin embargo, se podrían recordar los datos obtenidos por Fabes y Martin (1991), que si bien perciben a las mujeres como más expresivas emocionalmente que los hombres cuando se evalúa la percepción de la experiencia emocional de cada uno, se registran escasas diferencias entre ellos. De modo similar Johnson y Shulman (1988) constataron que los hombres y las mujeres creen que difieren más en la manifestación emocional externa que en la intensidad de la experiencia subjetiva. Encontraron que consideran que la misma situación suscita similares sentimientos en cada uno, pero lo expresan de modo diferente Por ejemplo ambos relatan sentirse tristes cuando algo malo pasa y sentirse felices cuando algo bueno sucede, las diferencias se hacen evidentes en la expresividad no en la experiencia emocional.

En un extenso estudio realizado en 25 países en el que se recolectaron los datos a través de autoinformes verificaron que las mujeres se expresan emocionalmente de modo más intenso y variado que los hombres (Pennebaker, Rime y Blankenshhip, 1996). Similares resultados se obtuvieron con la administración de escalas de evaluación en las cuales las mujeres manifestaron más intensidad que los hombres (Barrett et al., 1998). Asimismo, cuando se evalúan emociones específicas por intermedio de escalas ellas refieren más miedos que los varones, así como más tristeza, vergüenza y culpa (Brody, 1985; Grossman y Wood, 1993; Tagney, 1990).

Si bien queda claro que la mayoría de los estudios constatan que las mujeres se expresan más emocionalmente que los hombres ello no quiere decir que tales diferencias se correspondan necesariamente con sus propias percepciones sobre la experiencia emocional (Ashmore, 1990; Brody y Hall, 2000; Fischer,2000; LaFrance y Banaji, 1992). En consecuencia, es razonable hipotetizar que la dimensión externa- la expresión emocional —más que la interna— la experiencia emocional - puede ser un área en la cual hombres y mujeres difieran. Aunque cabe señalar que la consistencia en los hallazgos de diferencias de género registradas en el análisis de la literatura sobre el estereotipo emocional está basada más en supuestos sobre la expresión emocional manifiesta que en las creencias acerca de la experiencia subjetiva. Así sería posible considerar que los futuros docentes de sexo masculino prefieran no expresar miedo ni hablar sobre ello ya existen en sus experiencias de vida estereotipos donde desde temprana edad se les marca que la expresión de emociones no es consistente con lo que se espera para el rol adscripto a su género.

Entre las Competencias Socioemocionales percibidas por los Tutores de las Prácticas Docentes se visualizan con puntajes más altos, las competencias de Conciencia Emocional, Comportamiento Prosocial y Optimismo. Por otro lado, las competencias percibidas con valores más bajos son Regulación Emocional, Asertividad y Comunicación Expresiva.

Es interesante resaltar que tanto las competencias con valores más bajos como las de valores más altos coinciden con resultados de las respuestas de los Estudiantes al finalizar las Prácticas Docentes. Se deduce que se trata de un cambio gradual realizado por los mismos, luego de realizar las Prácticas de enseñanza, que provoca percepciones similares a los Tutores de Prácticas.

Los datos confluyen con los de Mearns y Cain (2003) demostrando que los profesores que se perciben a sí mismos como habilidosos para regular las emociones utilizan más estrategias activas para afrontar los estresores cotidianos en contextos académicos, experimentan menos consecuencias negativas y mejor desarrollo personal. Esto daría cuenta de la importancia de promover el desarrollo de las competencias sociales y emocionales en integración con las respuestas de Afrontamiento en futuros profesores en contextos educativos.

Torrijos Fincias (2014) explicita que es importante favorecer las competencias emocionales del profesorado. La conciencia emocional, la empatía o la regulación emocional son necesarias no sólo para promover efectividad y calidad a la hora de emprender la tarea de docente, sino también para el desarrollo de su propio bienestar. Esta investigadora, así como otras investigaciones relevantes (Palomera, Gil Olarte y Brackett, 2006; Hué, 2007; Palomero, 2009; Bisquerra, 2013), insisten en señalar que los profesores son conscientes de la necesidad de desarrollar estas competencias, considerándolas un complemento formativo útil e interesante no sólo para el desarrollo y mejora de su actividad docente, sino como estrategia que favorecerá la promoción del bienestar personal y social

En la formación docente inicial es esencial propiciar el progreso de estas competencias con objeto de favorecer su bienestar personal y social, constituyéndose en una estrategia que les permitirá afrontar los eventos que con frecuencia pueden resultar estresantes en el terreno educativo. Por tanto, los profesores entienden cada vez más la importancia y necesidad de desenvolver estas Competencias Socioemocionales, para el ejercicio de la docencia, aunque inicialmente no sean conscientes de las mismas y limiten sus demandas a pedir mayores conocimientos teóricos para desarrollar las tareas con los estudiantes. En las situaciones de enseñanza, cuando comienzan a actuar en torno a las situaciones prácticas y las simulaciones, espacios donde se requiere analizar los pensamientos, las emociones que les suscitan las diferentes situaciones y los comportamientos que ejercen, van reflexionado acerca de la necesidad de adquirir estas competencias, aumentando su motivación e implicación en la formación.

En síntesis, como se hipotetizó inicialmente, las Competencias Socioemocionales específicas para el desarrollo de prácticas de enseñanza se despliegan y acrecientan durante el transcurso del trayecto de formación inicial que propone la institución educativa. Será nodal su consideración y su tratamiento en los equipos de trabajo de los profesores Tutores.

Sobre las Prácticas Docentes y sus dimensiones

En relación con los datos relevados se ha podido confirmar la tercera hipótesis, que expresaba que las Prácticas Docentes pueden ser definidas y sus dimensiones caracterizadas por los futuros profesores en el marco de sus Prácticas en el Profesorado de Psicología.

Tarea compleja, la formación de un profesor implica la construcción de ciertos saberes que configuran su perfil profesional teniendo en cuenta que el ejercicio de la tarea docente tiene lugar en contextos socioculturales caracterizados por su diversidad e incertidumbre. Esta situación, junto con otras condiciones, plantea una controvertida relación de la práctica docente en la vida institucional. En los espacios de las prácticas, se analiza la práctica de enseñanza a la vez que se vivencia, ya que le permite al profesor en formación reflexionar sobre sus experiencias, abordar y responder a situaciones propias del quehacer pedagógico, y ensayar la función educativa en un espacio de prácticas protegido. La riqueza de la propuesta redunda tanto en la reflexión de cada estudiante como en la potencia que permite la intervención grupal, en tanto que desde las distintas miradas de quienes participan del espacio se construye conocimiento que permite comprender la complejidad del rol docente.

Respecto de la dimensión personal en su práctica docente, la reflexión se dirige a la concepción del profesor como ser histórico, capaz de analizar su presente con miras a la construcción de su futuro. Es importante mirar la propia historia personal, la experiencia profesional, la vida cotidiana y el trabajo, las razones que motivaron su elección vocacional, su motivación y satisfacción actual, sus sentimientos de éxito y fracaso, su proyección profesional hacia el futuro. Al analizar las Prácticas Docentes se está afirmando la importancia que tiene en su profesión que se ocupa de la formación de personas la persona del docente.

Tal como señala Zabalza (2012) en sus investigaciones, la mayoría de los Estudiantes de Profesorado señaló que esta dimensión es muy importante en el ejercicio de la docencia. Resaltan que las características personales que influyen positivamente en la adaptación los estudiantes están relacionadas con saber motivar, tener empatía, flexibilidad, apertura a ideas nuevas capacidad de diálogo y humor.

Es importante tomar en cuenta que los profesores pueden atravesar situaciones de vulnerabilidad; así es factible, en el espacio de las prácticas, anticipar y prepararlos para afrontar una posible situación que pueda afectarlos personalmente.

En relación con la dimensión didáctica es posible observar como los futuros docentes se presentan desde su rol como agentes que, a través de los procesos de enseñanza, orientan, dirigen, facilitan y guían la interacción de los alumnos con el saber colectivo culturalmente organizado, para que ellos, los alumnos, construyan su propio conocimiento. Esta categoría abarca todas aquellas relaciones involucradas en el proceso de enseñanza y en el de aprendizaje, y refieren a la forma en que cada profesor concreta sus Prácticas Docentes a partir de un modelo didáctico del cual se ha apropiado.

Los datos relevados permiten señalar que los futuros docentes de la muestra expresan que, al dar clases, utilizan estrategias indirectas y directas en el trabajo con los alumnos en el aula durante las Prácticas, y que las seleccionan sobre la base de las competencias que buscan desarrollar en ellos. Marcan que una buena práctica docente implica poder relacionarse afectivamente con los estudiantes. En esta línea hay investigaciones que indican que los profesores no sólo son importantes en la enseñanza de contenidos, sino también como personas que dan apoyo emocional y ayudan a resolver problemas (Domagala Zyk, 2005 García Labandal, 2009).

La dimensión axiológica permite analizar la manera en que el docente ve y entiende el mundo. Es importante relevar el conjunto de creencias, actitudes, convicciones e ideologías que sostienen porque, de forma intencional o no, incide en su manera de afrontar sus Prácticas de enseñanza.

Los futuros profesores refieren como valores más significativos, la concepción que tiene el docente sobre la enseñanza y el aprendizaje, en tanto esto influye en su manera de dar la clase. Se pondera la vinculación con los estudiantes desde el afecto, el amor, el respeto, la honestidad y la responsabilidad. Esto está en relación con lo que plantea la Declaración Universal de Derechos Humanos (Organización de las Naciones Unidas, 1948) que enuncia que la educación es una herramienta poderosa para desarrollar el pleno potencial de todas las personas y promover el bienestar individual y colectivo. Los estudiantes marcan que la educación es un derecho de las personas.

Es importante el análisis de esta dimensión ya que enfatiza en la reflexión sobre los valores y conductas, las maneras de resolver conflictos y las opiniones sobre diversos temas; elementos que el docente de algún modo transmite a los estudiantes. Los futuros profesores distinguen que las buenas Prácticas Docentes pueden fortalecer a los alumnos en el desarrollo del pensamiento crítico y la autonomía que ayudan a prepararlos para su futura inserción profesional.

Con respecto a las respuestas de los Tutores de Prácticas, la mayoría valoriza la dimensión personal: el docente es visualizado como modelo y fuente de consulta en el proceso de enseñanza y aprendizaje (Beresaluce, Peiró y Ramos, 2014 y Zabalza, 2012). Perciben como experiencias significativas aquellas vinculadas con los lazos afectivos que establecen con los alumnos. Asimismo, señalan como desafíos mejorar el diálogo en sus relaciones interpersonales con ellos.

Respecto de la dimensión didáctica expresan que trabajan utilizando con mayor frecuencia estrategias indirectas centradas en los estudiantes, que permiten plantear interrogantes y esquemas conceptuales iniciales (individual y grupal) de los núcleos temáticos propuestos. Al interior de la comunidad de aprendizaje estos conocimientos se confrontan, acrecientan y reorganizan en pos de lograr aprendizajes significativos.

En relación con la dimensión axiológica indican la importancia que tienen los valores en la práctica docente. Sostienen en la comunidad de prácticas es necesaria la co-construcción de normas y discusión conjunta del marco ético que sostiene el trabajo en las Prácticas de enseñanza.

A partir del análisis realizado en cada una de las dimensiones podrían pensarse indicadores de buenas Prácticas Docentes, entre ellas la consideración del docente como profesional de la educación, donde la finalidad está puesta en mejorar las Prácticas Docentes. Se suma a esto realizar la elección de la carrera teniendo motivación por ayudar, brindar servicio a otras personas y compromiso social por la tarea. Esta muestra valoriza las relaciones interpersonales, el diálogo con los estudiantes, el trabajo colaborativo y la afectividad puesta en juego en el acto pedagógico. Establecer espacios de construcción, para que los futuros docentes apoyen el desarrollo de estrategias de aprendizaje centradas en la apropiación participativa de los alumnos y el diseño de instrumentos innovadores para evaluar los aprendizajes complejos y holísticos.

Efecto de los Tutores, cambios y abandono durante las Prácticas Docentes. Correlaciones entre las variables.

En relación con los datos relevados se ha podido confirmar la cuarta hipótesis que expresaba que es posible establecer una asociación entre las variables consideradas en la investigación y el Afrontamiento de las Prácticas

Docentes de los futuros profesores de Psicología en formación que realizan sus Prácticas en el Profesorado de Psicología.

En primer lugar se observaron efectos significativos de **las acciones de los Tutores** sobre los puntajes de los alumnos en las sub-escalas de Afrontamiento, los niveles de Deseabilidad Social, y los puntajes del ICSE al finalizar las prácticas.

Esto indica que los Tutores de las distintas comisiones tienen un efecto sobre los resultados de sus alumnos en dichas sub-escalas. En todas las sub-escalas del CRI (excepto en Aproximación Conductual) el Tutor tuvo un efecto sobre los niveles de Afrontamiento de los alumnos al culminar el ciclo de Prácticas.

Megia Cuelliga (2015) en una investigación realizada en Salamanca destaca la importancia de la relación entre el tutor y el estudiante en prácticas, por un lado, al establecer un clima de confianza y asesoramiento que facilitará su desarrollo profesional, y, por otro, queda constatada la profesionalidad y capacitación que poseen los tutores en el ejercicio de su labor. El tutor facilita la activación de potencialidades en el estudiante a partir de la relación que establece con el mismo, utilizando diferentes recursos o herramientas formativas o de intervención a través de actividades conjuntas.

Un docente que habilite a sus estudiantes a tomar decisiones en relación con los objetos de enseñanza con los cuales trabaja, a que asuma un lugar reflexivo sobre los problemas y condiciones que se le plantean, a que pueda tomar conciencia de decisiones didácticas que toma, a que considere una multiplicidad de opciones posibles, las razones por las cuales inclinarse hacia una u otra; a que pueda sostener un acercamiento exploratorio a la realidad, analítico, a que le permita utilizar su marco de ideas para interpretarla y al mismo tiempo enriquezca y transforme ese marco.

De esta manera al tutor se le atribuyen otras cualidades, funciones y competencias como: compromiso, coherencia, afinidad a los objetivos de la educación y del centro educativo, profesionalidad, responsabilidad, necesidad e inquietud de mejora, pero sobre todo se quiere resaltar una posición colaborativa y no sólo de evaluación y control.

En coincidencia con Martínez Figueira y Raposo Rivas (2011) se visualiza la figura del tutor como la primera imagen del mundo profesional que recibe el alumno, facilitando la integración de este en prácticas en la organización que aprende y la inserción profesional, en tanto observa, verifica y ofrece orientaciones para mejorar las actividades del estudiante.

Desde los dispositivos de formación, se intenta aportar a un cambio progresivo de posicionamiento de los docentes, desde un lugar de aplicación de propuestas producidas en otro lado y por otros a una posición de producción —que pueda recuperar propuestas que ya elaboradas, pero desde una perspectiva crítica, que pueda analizarlas y transformarlas en función de las condiciones que identifica en sus prácticas. Es decir, se trata de embarcar a los docentes en la elaboración de proyectos de enseñanza que lleven a implementaciones posibles de los programas de la materia a dictar, considerando el conjunto de condiciones que juegan en sus prácticas y que configuran los escenarios particulares en los cuales trabajan.

Como parte del análisis de los datos se estudió si la probabilidad de que los **alumnos abandonen las prácticas** estaba asociada a variables de los Estudiantes y/o de los Tutores según CRI, BIDR Deseabilidad Social e ICSE.

Se pudo observar que no hay efectos de las variables de Tutores en el abandono, lo que da cuenta que esto refiere a cuestiones de los propios estudiantes. En cambio se pudo ver que menores puntajes en las sub-escalas de Deseabilidad Social de Estudiantes, *antes* de que estos comenzaran con sus Prácticas Docentes, predijeron mayores probabilidades de abandono de las prácticas por parte de estos. Dicho de otra manera, a menores puntajes de Deseabilidad Social hay mayores puntajes de abandono.

Este resultado podría aportar a pensar en el diseño de un proyecto en futuras intervenciones respecto de operar sobre esta situación y evitar o mitigar el abandono de las prácticas docentes. ¿Se puede hacer algo para que los estudiantes de Profesorado no abandonen las prácticas?

Algunos investigadores están intentando analizar las trayectorias de formación docente.

Por ejemplo, Costantino (2016), en la Universidad Nacional de La Plata, realizó una investigación donde se hizo foco en el tiempo de la Formación inicial del Profesorado. Explicita que muchos de los estudiantes eligen a la Formación docente luego de haber realizado otros recorridos formativos previos y/o en simultáneo a la carrera.

En este sentido considera necesario establecer en primer lugar cuáles fueron los estudios que siguió o está siguiendo cada estudiante, si fueron consideradas otras opciones, por qué las desestimaron, o qué motivó luego su abandono ¿Cuáles fueron las motivaciones que condujeron a su elección como una opción válida en términos de desarrollo personal y de la futura inserción laboral?

Esta dimensión o primer eslabón de la trayectoria en formación, afirma, contribuye a formar, junto con la biografía escolar previa, los rasgos inaugurales de la identidad profesional. Señala también que las instituciones pueden actuar como promotoras u obstaculizadoras del desarrollo formativo de los estudiantes. En ese sentido las características de la Institución formadora cobran particular relevancia, en relación con los espacios de participación promovidos por ella respecto de las formas de acompañar.

La relevancia de cada una de estas dimensiones en la construcción de la trayectoria en formación puede variar. En algunos casos la impronta de la primera fase, la formación inicial, puede ser fundamental en la manera de emprender el recorrido del oficio del docente en formación; en otros, en cambio, puede ser más significativo el contexto institucional donde se experimentó la primera socialización en la construcción de la trayectoria en formación a través del acompañamiento realizado por algún docente influyente o debido a la participación de algún ámbito institucional.

La manera en la cual se articulan estas dimensiones imprime una particularidad y singularidad a la trayectoria en formación de cada estudiante. Se parte del supuesto que, las trayectorias personales y formativas de los estudiantes, conjugadas con las características organizativas de las instituciones formadoras, se constituyen en obstaculizadores de la permanencia y egreso exitoso de la formación.

El análisis de los datos concluyó explorando las posibles **correlaciones entre puntajes del ICSE con los puntajes del CRI.** Efectivamente pudo observarse que hay asociaciones estadísticamente significativas, de forma que los puntajes del ICSE de los Estudiantes pueden ser un predictor temporal de los puntajes CRI post. Será interesante abrir nuevas investigaciones que pudieran revisar posibles correlaciones entre inventarios que se suponen son independientes entre sí.

La importancia de las Competencias Socioemocionales

Ha sido posible analizar la evolución producida entre la primer evaluación al comienzo del periodo lectivo y la segunda evaluación al finalizar las prácticas, encontrándose un aumento significativo en todas las Competencias Socioemocionales.

Esto resulta importante, en tanto investigadores como Fernández Domínguez, Palomero Pescador y Teruel Melero (2009) señalan, que son necesarias las Competencias Socioemocionales para un desempeño profesional docente satisfactorio. Zahonero y Martín (2012) expresan que los aspectos afectivos son considerados como eje conductor de la función docente y el éxito del profesorado está dado por lograr que los estudiantes puedan desarrollarse como personas integradas en la sociedad con Competencias Socioemocionales que les posibiliten afrontar los retos de la vida cotidiana.

En la actualidad se diseñan proyectos con el fin de incrementar las Competencias Socioemocionales en futuros profesores. Ramos Casaverde (2018) en Perú trabaja sobre la necesidad de fortalecer las habilidades Socioemocionales de los estudiantes a través de estrategias metodológicas desarrolladas desde el área de tutoría.

Al estudiar si las características de los Tutores permitían predecir características en los estudiantes, se observó que mayores puntajes de Optimismo en los Tutores se asociaron a un mayor incremento de los puntajes de *Empatía* en los alumnos durante las prácticas. Desde la perspectiva del optimismo aprendido, es posible explicitar que las cogniciones optimistas volcadas a objetivos distancian a la persona de los resultados negativos. Según Synder y López (2009) el optimismo aprendido tiene raíces en el ambiente o en el aprendizaje. En ese sentido, los estudiantes requieren de profesores que los atiendan y estén disponibles; además, el ambiente de aprendizaje debe tener una atmósfera de apoyo y confianza. La educación positiva transforma a los estudiantes en profesores que continúan compartiendo con otras personas lo que aprenden. De esa forma, los beneficios del proceso de aprendizaje son retransmitidos a otro gran número de personas.

Viloria, Yáñez y Vañó (2010), al discurrir sobre las aplicaciones educativas del optimismo, consideran que la conducta del profesor puede incidir sobre las atribuciones de éxito y fracaso de los estudiantes. Afirman que estudiantes optimistas tienden a ser más perseverantes y a ver sus proyectos realizados y disfrutar de gratificantes experiencias de éxito en mayor medida que los pesimistas. Los optimistas se estresan menos y enfrentan los problemas de forma más constructiva. Tanto el optimismo como el pesimismo son, en gran medida, padrones de pensamiento aprendido y, por lo tanto, modificable.

Megia Cuelliga (2015) explicita que el tutor se implica en las vivencias, en las relaciones personales con sus alumnos, los estudiantes en prácticas. Implicarse significa co construir con los estudiantes en tanto constituye una oportunidad para la participación guiada, que convoca a una polifonía de miradas y perspectivas para el abordaje de la complejidad.

La conjetura de Megia Cuelliga es que los procesos de inmersión en la práctica duraderos e intensivos, que co-construyan compromiso y esfuerzo común, participación periférica y plena (Lave y Wenger, 1991) en decisiones y acciones, y que se entraman con la conformación de identidades profesionales y personales, posibilitando encuentro de las mentes y los cuerpos, cogniciones y emociones, negocian con la realidad y con los otros significados y acciones mientras las realizan y construyen, y requieren una pedagogía de participación guiada y andamiada, pero a la vez emancipatoria que sostiene el trabajo de los tutores de prácticas.

Cuando se explora la cuarta hipótesis, que expresaba que es posible establecer una asociación entre las variables consideradas en la investigación y el Afrontamiento de las Prácticas Docentes, al analizar los efectos de las Competencias Socioemocionales sobre el Afrontamiento, se pudo observar que todas las asociaciones son positivas. En otras palabras, aquellos que presentaron puntuaciones más altas en las sub-escalas señaladas del ICSE, tendieron a presentar, a su vez, puntuaciones más altas en las sub-escalas del CRI.

La posibilidad de contar con Competencias Socioemocionales facilita afrontar las situaciones que se presentan en las Prácticas Docentes.

Como se mencionó anteriormente, García Retana (2012) señala que los estudiantes, en ocasiones, tienden a reproducir lo que el profesor dice o hace como resultado de sus emociones, en cuanto a las actitudes que asumen ante la vida como en el ámbito académico que imparte, de ahí la responsabilidad que en él recae al tener que trabajar estos aspectos para saber afrontar toda clase de situaciones que se den en el ámbito educativo.

En palabras de García Retana, citando a Cabello, Ruiz y Fernández (2010):

> *La capacidad de identificar, comprender y regular las emociones es fundamental por parte de los y las profesores, debido a que tales habilidades influyen en los procesos de aprendizaje, en la salud física, mental y emocional de los y las educandos y son determinantes para establecer relaciones interpersonales positivas y constructivas con estos, posibilitando una elevación en su rendimiento académico.*
>
> *García Retana, 2012 (p. 15)*

Queda entendido entonces que, para una educación al servicio del desarrollo humano, las Competencias Socioemocionales son necesarias tanto para educadores como para los educandos.

Una oportunidad para el desarrollo de las Competencias Socioemocionales docentes se encuentra durante el período de formación docente —inicial o continua—, que presentan un momento fundamental para llevar a cabo no solo el aprendizaje disciplinar, el desarrollo de una perspectiva integral, favorecedora del crecimiento personal de académicos de educación superior como de futuros profesores (Zahonero y Martín, 2012).

Hasta aquí hemos discutido los resultados de la investigación que han permitido confirmar las hipótesis propuestas.

CAPÍTULO 6

Conclusiones

Los principales aspectos para resaltar de todo el recorrido llevado a cabo tienen que ver con la participación en dispositivos de formación que se enmarcan en posiciones colaborativas y las actividades intersubjetivas que suceden en ellos tanto con el docente como entre pares.

La formación docente en el tiempo de las prácticas constituye una oportunidad para cuestionar y repensar la educación y así contribuir a una transformación. El proceso de cambio acontece en el propio sujeto en formación, quien, al afrontar la realidad del aula, al vivir situaciones compartidas de formación va generando su propio trayecto en función de las oportunidades y de lo que ellas le significan.

En otros términos, se trata de trabajar junto con los futuros docentes en la construcción de una problematización entendida como un aspecto de las prácticas de enseñanza que puede ser abordado reflexivamente con herramientas indagativas y teóricas. Una elaboración de esta naturaleza requiere de tiempo y de la construcción de una relación de confianza entre los futuros docentes y el formador y entre los estudiantes entre sí. Confianza fundamentalmente en que las prácticas van a ser analizadas y no juzgadas por unos u otros, que van a ser consideradas en pie de igualdad.

Al inicio de esta investigación se planteó una vacancia investigativa respecto de las prácticas docentes de profesores en formación, dado que estudiar las Competencias Socioemocionales de los futuros Profesores de Psicología y el Afrontamiento de las prácticas docentes durante su formación inicial resulta relevante para la "formación de los formadores" en la etapa inicial.

Afrontamiento de las prácticas docentes

Pensando en plantear conclusiones surge primeramente la necesidad de señalar que, al evaluar el patrón de respuestas de Afrontamiento de los estudiantes de profesorado, se pudo observar tanto al inicio como al finalizar las prácticas, un perfil con un predominio de respuestas por aproximación por sobre las respuestas de evitación, y es notorio que estas últimas se reducen más aun a lo largo de la trayectoria en las prácticas de enseñanza que realizan los estudiantes. Es merito del tutor cuando asume —como parte de su función docente— ser guía, acompañante, facilitador del proceso de aprendizaje del estudiante, adoptando una posición desde un marco colaborativo.

En este sentido el tutor deja de tener un rol tradicional de gestor o mero transmisor de conocimientos; asume la docencia como una profesión que genera y consolida entornos de aprendizaje donde la implicación será parte fundamental del dispositivo. Sostiene un espacio y un tiempo donde se desarrolla paulatinamente la autonomía para tomar decisiones didácticas, elaborar planificaciones como hoja de ruta que sostiene sus acciones para lograr enseñar aquello que se propone a su grupo de alumnos, evitando caer en la improvisación,

Los tutores propician desarrollar y construir "sentido" entre todos los actores, siendo en este caso la universidad un espacio de aprendizaje que privilegia el proceso de colaboración y diálogo reflexivo entre pares y con el tutor para la resolución conjunta de los problemas que suscitan la realización de las prácticas docentes.

Desde la perspectiva de un Afrontamiento de las situaciones por aproximación es posible señalar que se conciben los dispositivos de formación como espacios de producción de conocimientos sobre las prácticas, considerando la complejidad de condicionamientos del trabajo de enseñar, asumido desde una posición que identifica saberes de los profesores en formación y que reconoce que ellos tienen razones —conceptualizaciones, creencias y representaciones— para hacer lo que hacen cuando realizan sus prácticas de enseñanza.

Pensar y repensar sobre los problemas que se presentan a la hora de enseñar, interactuar con pares y con expertos se vuelven momentos necesarios en la formación. Para que este tipo de respuestas surjan es necesario favorecer la problematización, la explicitación de supuestos, el análisis de lo realizado, la circulación de conocimientos dentro de esta comunidad de formadores. En otras palabras, construir escenarios que permitan avanzar en la construcción de un modo de trabajo colaborativo, donde los problemas no sean evitados ni negados.

Podemos concluir a partir de lo investigado a que en el proceso de formación los estudiantes se sienten habilitados a escoger decisiones en relación con los objetos de enseñanza con los cuales trabajan; asumen un lugar reflexivo sobre los problemas y condiciones que se les plantean, concientizándose de las decisiones didácticas que toman a partir de una multiplicidad de opciones posibles. Sostener un acercamiento exploratorio y analítico de la realidad les permite construir argumentos por las cuales inclinarse hacia una u otra forma de resolver el problema.

Aquí reside un aporte de la colaboración: poder llevar adelante un proceso reflexivo sobre esas condiciones que conocen como actuantes. Esto presenta a la formación el desafío de encontrar cómo convocar, cómo generar condiciones para que entren a escena esos conocimientos que tiene el docente de su práctica, conocimientos disciplinares, didácticos y pedagógicos.

Los espacios de formación suponen traer del aula y llevar al aula cuestiones que son analizadas y producidas en el conjunto. Se trata de que las ideas de unos y otros salgan transformadas como resultado de los intercambios y la referencia a la experiencia del aula. Por parte del formador, se trata de abandonar una mirada externa y asumir una mirada de complicidad, tratar de involucrarse en un diálogo muy cercano a la producción del futuro docente que, como se ha señalado anteriormente, lo lleve a explicitar sus decisiones y razones, confrontarlas con otras, analizarlas.

Competencias Socioemocionales

Cobra especial significación a la luz de la investigación realizada tener en cuenta la presencia de un perfil de Competencias Socioemocionales percibidas por los estudiantes de profesorado. Al hacerlo se advirtieron diferencias significativas, entre el inicio y finalización de las prácticas docentes de los futuros profesores que cursan el profesorado de psicología. Los estudiantes perciben mayor desarrollo en sus Competencias Socioemocionales al finalizar las prácticas docentes.

Es interesante pensar que los tutores que son socioemocionalmente competentes suelen manejar mejor sus emociones, gestionar las clases de forma más efectiva, establecer códigos de conducta, desarrollar interacciones más comprensivas y alentadoras con sus estudiantes y, por ende, estimulan el desarrollo socioemocional de ellos. Podría agregarse como aporte sustancioso a esta variable que el optimismo de los tutores se refleja de manera significativa en el Afrontamiento positivo de las prácticas de los estudiantes.

El enseñar y el aprender es consustancial con el optimismo: debería ser una actitud inherente en todo educador/educadora. Se trata de una tarea que supone y exige relaciones interpersonales saludables e invita a la mejora de la calidad de vida de los estudiantes. El valor diferencial de las personas optimistas es que hacen frente a las adversidades e intentan ver el lado bueno aún cuando el entorno o las situaciones son difíciles u hostiles. Entendiendo aquí la importancia que poseen los estilos optimistas de explicación de la realidad y las habilidades sociales en el incremento de satisfacción y bienestar en todos los ámbitos de la vida.

En otros términos, una posición optimista potencia la posibilidad de otorgar significación positiva a las experiencias de vida, la adopción de mayor cantidad de medidas para crear redes de apoyo afectivas y sociales, surgiendo la hipótesis de una relación positiva entre optimismo, calidad de vida y Afrontamiento de situaciones complicadas en las prácticas de enseñanza.

En relación con las Prácticas Docentes pudo analizarse que los futuros profesores lo relacionan directamente con la profesionalización de la docencia, surge aquello que constituye la esencia de lo que un docente es y debe hacer. Los estudiantes ponderan la vinculación que tuvieron con sus tutores desde el vínculo afectuoso, el respeto, la responsabilidad y la actitud comprometida.

Es importante remarcar que las buenas prácticas docentes pueden fortalecer a los estudiantes en el desarrollo del pensamiento crítico y la autonomía y ayudan a prepararlos para su futura inserción profesional. Es necesario adquirir competencias docentes con valor y significado para desarrollar la práctica educativa, y que ésta facilite la inserción laboral y el crecimiento profesional de los egresados, con los valores de ética y humanismo.

En las instituciones de educación superior, el papel del docente en el desarrollo de las competencias profesionales respecto de los requerimientos que presenta la práctica educativa tiene múltiples implicaciones de tipo integral y se basa en un modelo sistémico e interdisciplinario. De tal manera, el futuro profesor —en su saber, saber hacer y querer hacer— promueve el desarrollo de competencias profesionales.

Como se ha señalado durante esta tesis, las prácticas de enseñanza no deben entenderse como la enseñanza de contenidos propios de una disciplina, sino que tienen que ver con una práctica que se realiza en una institución particular. En las prácticas que realizan los futuros profesores aprenden el "oficio" de ser docente. En definitiva, todo aquello que no puede aprenderse sólo en los libros, que es construido en la comunidad de prácticas junto con otros estudiantes y el tutor. Ese "oficio", además, necesita del contacto con una variedad de contextos institucionales y sociales que ayuden a que el futuro docente no replique en el quehacer profesional su experiencia escolar como alumno, sino que pueda acomodarse a las siempre cambiantes situaciones de enseñanza y aprendizaje. El nuevo paradigma, entonces, pone al aprendizaje situado en un lugar privilegiado.

Lo antes dicho es congruente con que los futuros profesores perciben mayor satisfacción en su Calidad de Vida Global[1] al finalizar las prácticas docentes. Esto denota que los futuros profesores han podido resistir al estrés y han podido resolver los problemas que se les presentaron. Las comunidades de aprendizaje favorecen el despliegue de las competencias docentes durante las prácticas pedagógicas. Es importante sostener una posición colaborativa que conduzca al análisis y reflexión colectiva de los resultados para identificar los aspectos a mejorar, y a partir de ello plantear alternativas de solución que conlleven a mejorar los aprendizajes, con el involucramiento y la responsabilidad de toda la comunidad educativa. El desafío estará puesto en generar dispositivos de actividad intersubjetiva fuerte que favorezcan

[1]Resultados elaborados durante el trabajo de investigación, pero no incluidos en este libro.

desde las mediaciones que se producen el tránsito por las prácticas para enseñar.

Esto supone realizar un giro que posibilite la construcción de procesos de apropiación participativa.

La metáfora de la participación debe ser entendida en el sentido de ser parte, tomar parte y tener parte de la situación. Implica reconocer y darle un lugar a la perspectiva de los futuros docentes (sus saberes, sus condicionantes, sus representaciones, su historia, sus ideas sobre lo que es enseñar y lo que es aprender, su situación de trabajo condicionada por su pertenencia institucional) como un elemento indispensable para abordar el estudio de problemas de enseñanza. Se trata de construir un dispositivo "entre sujetos", entre trayectorias, entre perspectivas. Un pensamiento que se da "entre", que no es de nadie, pero es de todos.

Se afirma la potencia de los espacios colaborativos como ámbitos en los que se elaboran y se validan de manera compartida nuevas posibilidades para la enseñanza, al tiempo que los estudiantes toman conciencia acerca de los saberes que producen sobre su trabajo y profundizan su comprensión sobre la complejidad del trabajo docente. Asumir una actitud colaborativa por parte de los formadores requiere construir un escenario de confianza donde tenga lugar una "experiencia", es decir el espacio de prácticas se transforma en acontecimiento que deja marcas en los futuros profesores.

Si bien es una tarea compleja el poder integrar las diversas dimensiones de este fenómeno en relación con el Afrontamiento de las prácticas docentes y Competencias Socioemocionales en juego, ha sido posible demostrar en el caso particular de este estudio que existe una relación entre aspectos significativos vinculados al profesorado, las emociones y actitudes y la complejidad de la tarea docente. Resulta necesario entonces introducirse en la teoría y en la práctica de formación desde nuevas perspectivas, apoyando la formación en una reflexión de los sujetos sobre su práctica docente, de modo que les permita examinar sus teorías implícitas, sus esquemas de funcionamiento, sus actitudes, realizando un proceso de constante autoevaluación que oriente su desarrollo profesional.

Nuevos interrogantes

Como toda tarea de investigación, su desarrollo genera nuevos interrogantes que exceden el marco propuesto por el trabajo inicial, lo que ameritará, seguramente, futuras exploraciones.

Un efecto novedoso encontrado es el efecto de los tutores sobre diferentes variables, incluyendo su impacto nulo o no detectable, sobre el abandono.

¿Habrá posibilidad de entrenar a los tutores para que su influencia positiva se multiplique?

¿Será posible disminuir el abandono prestando más atención a los alumnos que tienen más probabilidades de hacerlo?

Tal vez desde una perspectiva socioantropológica se podrán poner en cuestión aquellos aspectos de la formación que no suelen ser observados y quedan invisivilizados, en parte por ser naturalizados o cristalizados como conciencia práctica o como sentido común. En este sentido, el investigador podría trabajar no solo con lo que las personas dicen que hacen, sino con lo que las personas hacen más allá de lo que dicen.

¿Las correlaciones entre inventarios se producirán porque se están repitiendo inadvertidamente los mismos marcos conceptuales o hay elementos nuevos fuera de los mismos que los relacionan?

Habrá que considerar la posibilidad de pensar que, si algunas variables de uno son predictoras de los resultados de otro, algunas validaciones deberían ser revisadas. Tal vez podría abrirse una nueva línea de análisis y estudio, porque según lo que pudo analizarse hasta ahora se ven como "variables" independientes entre sí, y en cambio podría ser que, en ciertas circunstancias o escenarios, una permita predecir los resultados de la otra.

Reflexión final

En este trabajo se intentó interpretar algunos de los hallazgos novedosos obtenidos, y de citar investigaciones que están preguntándose en la misma dirección por diferentes aspectos de la formación docente, pero su significación e impacto serán seguramente objeto de futuras investigaciones.

La docencia es una profesión emocionalmente apasionante, profundamente ética e intelectualmente exigente, cuya complejidad solamente es vivida por quienes suelen poner el cuerpo y el alma en el aula.

Las palabras de Galeano permiten realizar un cierre:

> *De nuestros miedos*
> *nacen nuestros corajes*
> *y en nuestras dudas*
> *viven nuestras certezas.*
> *Los sueños anuncian*
> *otra realidad posible*
> *y los delirios otra razón.*
> *En los extravíos*
> *nos esperan los hallazgos,*
> *porque es preciso perderse*
> *para volver a encontrarse.*
>
> *De nuestros miedos, Eduardo Galeano.*

CAPÍTULO 7

Futuras líneas de investigación

A PARTIR DE LA INDAGACIÓN REALIZADA se abren posibles nuevas líneas de investigación que podrían ampliar los resultados relevados hasta aquí:

- Realizar un estudio con participantes provenientes de distintas regiones del país en un número que permita asumir cierta representatividad a nivel nacional.

  Este estudio se focalizó en los estudiantes del último año del Profesorado de Psicología de la Facultad de Psicología de la Universidad de Buenos Aires mientras realizaban sus prácticas docentes, cursando una materia que utilizaba como dispositivo pedagógico, la comunidad de práctica.

  Este dispositivo valoriza particularmente la interacción entre pares y con el docente a cargo, que genera la circulación de poder y saber. No se inscribe en una realidad educativa neutra sino que por el contrario en todo momento y en cada accionar, se ponen de manifiesto modos de interactuar, a los que se debe reconocer su historicidad y construcción social, su subjetividad, los vínculos que se generan en la interacción, en un ambiente y tiempo determinados. En este dispositivo particular los sujetos —como personas con historias propias, con emociones, nacidos en diferentes medios socioculturales y que condicionan la forma que asume el vínculo educativo—, resultan de radical importancia para asumir los nuevos sentidos que adopta la educación en el siglo XXI.

En relación con el objetivo que se propuso evaluar la relación existente entre el Afrontamiento de las prácticas docentes y las Competencias Socioemocionales de los Estudiantes del Profesorado de Psicología en su formación como profesores, este arrojó resultados interesantes.

Los resultados sobre el efecto de los tutores y los cambios en los "profesores en formación" durante sus prácticas docentes mostraron relaciones estadísticamente significativas.

Sería entonces interesante explorar estos elementos en otras instituciones educativas de Nivel Superior que forman profesores, con diferentes organizaciones formales y/o que empleen otras metodologías didácticas para realizar la formación profesional de sus alumnos. Ello podría iluminar si son los mismos u otros, los elementos que influyen en la formación profesional de los futuros profesores y también comparar el resultado de diferentes prácticas pedagógicas para la formación docente.

- Ampliar el período de evaluación de los participantes.

El estudio realizado observó el cambio de ciertas variables o indicadores en estudiantes, mientras hacían sus prácticas docentes, mediante tomas pre y post a sus prácticas docentes.

Resultaría interesante realizar un estudio complementario que abarque desde el inicio de la cursada del Profesorado de Psicología hasta su finalización, y no hacerlo solo durante el segundo año de cursada, para determinar la evolución de las variables relevadas durante el periodo de preparación previa a las prácticas docentes.

Para ello debería tomarse la batería de instrumentos al iniciar la cursada de la Primera Materia del Profesorado, cuando no hicieron aún ningún tipo de práctica, es decir en el momento de ingreso al Profesorado propiamente dicho. En la actualidad el Plan de cursada del Profesorado Psicología (UBA) abarca dos años, porque incluye asignaturas del Plan de la Licenciatura en Psicología. Esa así que la Carrera de Profesorado en Psicología solo añade cuatro materias pedagógicas adicionales a las que tiene la Licenciatura. De esta forma se cursan las asignaturas Didáctica General (donde hacen observaciones y planificaciones de clases, sin dar clases aún), Didáctica Especial de la Psicología (hacen prácticas de microclases en el propio curso con sus compañeros de grupo). Finalmente, en el segundo año, cursan Didáctica Especial y Práctica de la Enseñanza, que es una asignatura anual y es el espacio curricular en donde se realizan las prácticas en el Nivel Superior y en el Nivel Medio.

Sería interesante también abrir nuevas indagaciones en otros espacios de Nivel Superior en donde se curse el Profesorado, ya sean universitarios o terciarios, pero cuyo período de cursada sea más extenso, por ejemplo de cuatro años y analizar si se observan cambios similares en las variables estudiadas.

- Agregar otros instrumentos a la batería utilizada para complementar la investigación con otras variables, como podrían ser, por ejemplo, Personalidad o la Relación profesor y estudiante, para intentar analizar que otras variables se ponen en juego, en el período de las prácticas docentes, en los futuros profesores y en los tutores de prácticas docentes.

  Entre otros destacados instrumentos a utilizar se encuentran el Inventario de Estilos de Personalidad de Millón (MIPS) (Millon, 2001), el Inventario NEO de los Cinco Factores (NEO-FFI) de Costa y McCrae (1992, 1999) y la Escala de relación profesor-alumno (STRS) (Pianta, 2001; Moreno García y Martínez-Arias, 2008). Será importante analizar también la conveniencia de utilizar instrumentos de evaluación de la personalidad de última generación, estandarizados, en versiones cortas, y dentro de investigaciones amplias en las que sea posible observar su interacción con otras variables psicológicas.

- Estudiar en profundidad las características de los Tutores o Profesores formadores.

  Uno de los resultados de este trabajo es que la figura de los tutores tiene un efecto sobre los niveles de afrontamiento y las competencias socioemocionales de los estudiantes de Profesorado. Esto permite señalar que, más allá de las prácticas, las características propias de los tutores tienen un impacto en los estudiantes.

El estudio e identificación de esas características permitiría capacitar a los tutores para desarrollarlas y potenciarlas. Su actividad impacta en las sub–escalas y este efecto podría motivar nuevas investigaciones con el objetivo de mejorar la formación docente. A modo de ejemplo, tutores más flexibles desarrollan más competencias socioemocionales y una mejor comprensión de los mecanismos subyacentes permitiría capacitar mejor a los mismos, en su propio proceso de formación docente.

El avance en la comprensión teórica del proceso de aprendizaje, no siempre, hace más fácil la tarea docente. Las formulaciones sobre el aprendizaje situado son cada vez más complejas y, a veces, se mantienen a buena distancia de los empeños cotidianos de estudiantes y profesores, por ello se hace necesario seguir analizando los aportes de la Psicología Educacional.

PARTE III

Anexos

ANEXO

Referencias

Capítulo 1. Afrontamiento

Cohen, S., y McKay, G. (1984). Social support, stress and buffering hipothesis. A theoretical analysis. In A. Baum, J. E. Singer y S. E. Taylor (Eds.): *Hadbook of Psychology and Health* (Vol. 4, pp. 253-267). Hillsdale: Erlbaum.

Cronkite, R. C., y Moos, R. H. (1984). The role of pre-disposing and moderating factors in the stress-illness relationship. *Journal of Health and Social Behavior, 25,* 372-393.

Escobar, N. (2007). La práctica profesional docente desde la perspectiva de los estudiantes practicantes. En *Acción Pedagógica* N° 16 / Enero-diciembre, 2007, pp.182-193.

Finney, J., y Moos, R. H. (1992). Four types of theory that can guide treatment evaluations. In H. Chen y P. Rossi (Eds.), *Using theory to improve program and policy* (pp. 15-27). New York: Greenwood Press.

Fleishman, J. A. (1984). Personality characteristics and doping patterns. *Journal of Health and social Behavoir*, 25, 229-244.

Fondón, I., Madero, M., y Sarmiento, A. (2010). Principales Problemas de los Profesores Principiantes en la Enseñanza Universitaria. En *Formación Universitaria* Vol. 3(2), 21-28(2010). Recuperado de: http://dx.doi.org/10.4067/S0718-50062010000200004

Freire, P. (1994). *Cartas a quien pretende enseñar.* España: Siglo XXI.

Hollahan, C. J., y Moos, R. H. (1991). *Life Stressors. Personal and social resources, and depression: a 4 years estructural model. Journal of Abnormal Psychology, 100,* 31–38.

Hollahan, C., y Moos, R.H, (1990). Life stressors resistance factors, and improved psychological functioning: An extension of the stress resistence paradigm. *Journal of Personality and Social Psychology, 58,* 909–917.

Hollahan, C., y Moos, R. H. (1987). Personal and contextual determinants of coping strategies. *Journal of Personality and Social Psychology, 52,* 946–955.

Lasnier, F. (2000). *Réussir la formation par compétences.* Montréal: Guérin.

Lazarus, R., y Folkman, S. (1986). *Estrés y procesos cognitivos.* Barcelona: Martínez Roca.

Moos, R. H., y Schaefer, J. (1993). Coping resources and processes: Current concepts and Measures. En: Goldberg, L., y Breznitz, S. (Eds): *Handbook of stress. Theoretical and clinical aspects. 2nd ed.* The Free Press. New York.

Moos, R. H., y Billings, A. G. (1982). Conceptualizing and measuring coping resource and processes. En Goldberg, L. y Breznitz, S. (Eds.) *Handbook of stress. Theoretical and clinical aspects.* New York. Macmillan.

Schön, D. (1983). *La formación de profesionales reflexivos.* Barcelona: Paidós.

Souto, M. (2011). La Residencia: un espacio múltiple de formación. En Menghini, R., y Negrín, M.(comps.) (2011). *Prácticas, y Residencias en la formación de docentes.* Buenos Aires: Jorge Baudino ediciones.

Sicre, E., Casaro, L. (2014). Estrategias de afrontamiento en estudiantes de Psicología. En *Revista de Psicología,* 10 (20). Recuperado de: http://bibliotecadigital.uca.edu.ar/repositorio/revistas/estrategias-afrontamiento-estudiantes.pdf

Thoits, P. A. (1986). Social Support as coping assistance. *Journal of Consulting and Clinical Psychology, 54,*(4), 416–423.

Thoits, P. A. (1985). Social support and psychological well-being: Theoretical posibilities. En I. G. Sarason y B. R. Sarason (Eds.), *Social support: Theory, research and applications.* Boston: Martinus Nijhoff.

Toledo Pereira, M. (2006). Competencias didácticas, evaluativas y metacognitivas. En *Revista de Orientación Educacional* V20 N°38, pp 105–116, 2006.

Vélaz de Medrano Ureta, C. (2009). Competencias del profesor–mentor para el acompañamiento al profesorado principiante. *Profesorado: Revista de Currículum y Formación del Profesorado, 13,* 1, (2009). ISSN 1138–414X.

Capítulo 2. Competencias Socioemocionales

Adame, M., De La Iglesia, B., Gotzens, C., Rodríguez, R., y Sureda, I. (2011). Análisis de las estrategias socioemocionales utilizadas por los y las docentes en el aula: estudio de casos. *En Revista Electrónica Interuniversitaria de Formación del Profesorado, 14*(3), 77–86.

Álvarez–García, D., Rodríguez, C., González–Castro, P., Núñez, J. C. y Álvarez, L. (2010). La formación de los futuros docentes frente a la violencia escolar. *Revista de Psicodidáctica, 15*(1), 35–56.

Bar–On, R. (2000). Emotional and social intelligence: Insights from the emotional quotient inventory. In R. Bar–On y J. D. A. Parker (Eds.). *The Handbook of Emotional Intelligence* (pp. 363–388). San Francisco: Jossey–Bass.

Bar–On, R. (1997). *The Emotional Intelligence Inventory (EQ–i): technical manual.* Toronto, Canada: Multi–Health Systems.

Batson, C. D. (1998). Altruism and prosocial behavior. En D. T. Gilbert, S. T. Fiske y G. Lindzey (eds.), *Handbook of social psychology* (vol. 2, pp. 282–316). Boston, MA: McGraw–Hill.

Bisquerra, R. (2013). Inteligencia emocional para afrontar los retos. *Revista de la Asociación Proyecto Hombre. 81*,4–9.

Bisquerra Alzina, R., y Pérez Escoda, N. (2007). Las competencias emocionales. *Educación XXI: Revista de Educación siglo XXI*, 10, pp. 61-82. Universidad de Barcelona.

Bisquerra, R. (2003). Educación emocional y competencias básicas para la vida. *Revista de Investigación Educativa (RIE), 21*(1), 7–43. Recuperado de: http://www.doredin.mec.es/documentos/007200330493.pdf

Bisquerra, R. (2000). *Educación emocional y bienestar.* Barcelona: Praxis.

Bisquerra, R., y Pérez Escoda, N. (2007). Las Competencias Emocionales. En *Educación XX1*. 10, 2007, pp. 61-82.

Blanco, A. (2009). *Desarrollo y Evaluación de Competencias en Educación Superior*. Madrid: Narcea.

Bodrova, E., y Leong, D. (2006). *Herramientas de la mente.* México: Prentice Hall.

Boyatzis, R. E. (2007). Developing emotional intelligence through coaching for occupational excellence. En R. Bar-On, J. G. Maree y M. Elias (Eds.), *Educating people to be emotionally intelligent* (pp. 165-180). Rondebosch, South Africa: Heinemann.

Brackett, M., Rivers, S., y Salovey, P. (2010). Emotional Intelligence: Implications for Personal, Social, Academic, and Workplace Success. *Social and Personality Psychology Compass, 5*(1), 2011, 88-103, 10.1111/j.1751-9004.2010. 00334.x

Cabello, R., Ruiz-Aranda, D., y Fernández-Berrocal, P. (2010). Docentes emocionalmente competentes. *REIFOP, 13 (1).* http://emotional.intelligence.uma.es/documentos/Docentes_emocionalmente_inteligentes_2010.pdf

Calderón, M., González, G., Salazar, P., y Washburn, S. (2014). El papel docente ante las emociones de niñas y niños de tercer grado. En *Actualidades Investigativas en Educación*, Vol. 14, N°. 1, 2014. ISSN-e 1409-4703 https://dialnet.unirioja.es/servlet/articulo?codigo=5671656

Canedo, M. A. (2014). *2070. La perversión de las emociones.* España: BUBOK PUBLISHING.

Casassus, J. (2009). *Fundamentos da educacao emocional.* Brasília: UNESCO, Liber Livro Editora.

Casassus, J. (2007). *La educación del ser emocional.* Santiago: Editorial Cuarto Propio.

Cullen, C. (2009). *Entrañas éticas de la identidad docente.* Buenos Aires: La Crujía.

Delors, J. (1994). Los cuatro pilares de la educación. En *La Educación encierra un tesoro.* México: El Correo de la UNESCO, pp. 91–103.

Durlak, J. A., Weissberg, R. P., Dymnicki, A. B., Taylor, R. D., y Schellinger, K. B. (2011). emotional learning: a meta-analysis of school-based universal interventions. *Child Dev, 82*(1):405–432. doi:10.1111/j.1467-8624.2010.01564.x Recuperado de https://www.ncbi.nlm.nih.gov/pubmed/21291449#comments

Echeverría, B. (2005). *Competencias de acción de los profesionales de la orientación.* Madrid: ESIC editorial.

Eisenberg, N., Fabes. R. A., Spinrad, T. L. (2006). Prosocial Behavior. En W. Damon, R. M. Lerner (series ed.), N. Eisenberg (volume ed.), *Handbook of child psychology:* vol. 3. Social, emotional, and personality development, 6th ed. (pp. 646–718). New York: Wiley.

Eisenberg, N. (2000). Emotion, regulation, and moral development. *Annual Review of Psychology*, 51, 665–697.

Eisenberg, N., y Miller, P. A. (1987). The relation of empathy to prosocial and related behaviors. *Psychological Bulletin, 94,* 100–131.

Extremera, N., y Fernández-Berrocal, P. (2004). La importancia de desarrollar la inteligencia emocional en el profesorado. *Revista Iberoamericana de Educación, 33, 1–9.* http://emotional.intelligence.uma.es/documentos/PDF18en_el_profesorado.pdf

Extremera Pacheco, N. y Fernández Berrocal, P. (2014). La inteligencia emocional como una habilidad esencial en la escuela. En *OEI-Revista Iberoamericana de Educación.* ISSN: 1681-5653.

Fernández Berrocal, P. (2004). El papel de la inteligencia emocional en el alumnado: evidencias empíricas. *Revista Electrónica de Investigación Educativa, 6 (2), 1–19.* http://emotional.intelligence.uma.es/documentos/PDF25inteligencia_emocional_en_el_alumnado.pdf

Fernández-Berrocal, P., y Extremera, N. (2003). ¿En qué piensan las mujeres para tener un peor ajuste emocional? *Encuentros en Psicología Social, 1, 255–259.* http://emotional.intelligence.uma.es/documentos/PDF20mujeres.pdf

Fernández Berrocal, P., y Pérez Diaz, A. (2003). *Corazones inteligentes.* Barcelona: Kairós.

Fernández-Berrocal, P., y Ruiz-Aranda, D. (2008). The Emotional intelligence in the school context. *Electronic Journal of Research in Educational Psychology, 15.* http://emotional.intelligence.uma.es/documentos/pdf66school_context.pdf

Fernández Domínguez, M., Palomero Pescador, J., y Teruel Melero, M. (2009). El desarrollo socioafectivo en la formación inicial de los maestros. En *Revista Electrónica Interuniversitaria de Formación del Profesorado, 12*(1), 33-50.

Filella Guiu, G., Pérez Escoda, N., Agulló Morera, M., y Oriol Granado, X. (2014). Resultados de la aplicación de un programa de educación emocional en Educación Primaria. *Estudios sobre Educación,* 26, 2014, 125-147.

García Retana, J. (2012). La educación emocional, su importancia en el proceso de aprendizaje. *Revista Educación,36*(1), 97-109, ISSN: 0379-7082, enero-junio, 2012. Recuperado de https://www.redalyc.org/pdf/440/44023984007.pdf

Giner, A., y Puigardeu, O. (2008). *La tutoría y el tutor: estrategias para su práctica.* Barcelona: HORSORI.

Goleman, D. (1999). *La práctica de la inteligencia emocional.* Barcelona: Kairós.

González, E. M. (2007). *Fundamentos de totalidad y holismo en las Competencias para la investigación.* Venezuela: Universidad Pedagógica Experimental Libertador. En Laurus, Vol. 13, Núm. 24, mayo-agosto, 2007, pp. 338-354. Recuperado de: https://www.redalyc.org/pdf/761/76111485017.pdf

Graczyk, P. A., Matjasko, J. L., Weisberg, R. P., Greenberg, M. T. y Zins, J. E. (2000). The role of the Collaborative to Advance Social and Emotional Learning (CASEL) in supporting the implementation of quality school-based prevention programs. *Journal of Educational and Psychological Consultation, 11*, 3-6. doi:10.1207/s1532768Xjepc1101_02

Gross, J. J. (1999). Emotion regulation: Past, present, future. *Cognition and Emotion, 13*(5), 551- 573. Recuperado de: http://citeseerx.ist.psu.edu/viewdoc/download?doi=10.1.1.688.260&rep=rep1&type=pdf

Gross, J. J. (2007). *Handbook of emotion regulation.* New York: Guilford Press.

Jones, S., Bouffard, S., y Weissbourd, R. (2013). Educator's Social and Emotional Skills Vital to Learning. En *Phi Delta Kappan.* First Published May 1, 2013.

Le Boterf, G. (2001). *Ingeniería de las competencias.* Barcelona: Ediciones Gestión.

Le Boterf, G. (1994). *De la competence. Essai sur un attracteur étrange.* Paris: Les Editions d'Organization.

Malpica, M. C. (1996). El punto de vista pedagógico. En A. Argüelles (Ed). *Competencia laboral y educación basada en normas de competencia.* México: Limusa.

Mashburn, A., Pianta, R. C., Hamre, B. K., Downer, J. T., Barbarin, O. A., Bryant, D., Burchinal, M., Early, D. M. y Howes, C. (2008). Measures of classroom quality in prekindergarten and children's development of academic, language, and social skills. En *Publimed Child Dev,79*(3), 732–749. doi:10.1111/j.1467-8624.2008.01154.x https://www.ncbi.nlm.nih.gov/pubmed/18489424

Maturana, H. R. (2006). *Cognição, Ciência e Vida Cotidiana.* Editorial UFMG, Brasil.

Mayer, J. D., DiPaolo, M. T., y Salovey, P. (1990). Perceiving affective content in ambiguous visual stimuli: A component of emotional intelligence. In *Journal of Personality Assesment*, 54, 772–781

Mayer, J. D., Salovey, P., y Caruso, D. (2008). Emotional Intelligence, New Ability or Eclectic Traits. *American Psychologist, 63*(6), 503–517. doi:10.1037/0003-066X.63.6.503

Mayer, J. D., y Salovey, P. (1997). What is emotional intelligence? En P. Salovey y D. Sluyter (Eds). *Emotional Development and Emotional Intelligence: Implications for Educators* (pp. 3–31). New York: Basic Books.

Mikulic, I. M. (2013). La educación emocional y social en Argentina: entre certezas y esperanzas. En *Educación Emocional y Social. Análisis Internacional.* Informe Fundación Botín 2013. España.

Palomera, R., Fernández-Berrocal, P., y Brackett, M. (2008). Emotional intelligence as a basic competency in pre-service teacher training: some evidence. *Electronic Journal of Research in Educational Psychology, 15.* http://emotional.intelligence.uma.es/documentos/PDF67preservice_teacher_training.pdf

Penner, L. A., Dovidio, J. F., Piliavin, J. A. y Schroeder, D. A. (2005). Prosocial behavior: multilevel perspectives. *Annu Rev Psychol.*, 56, 365-392. https://www.ncbi.nlm.nih.gov/pubmed/15709940

Repetto Talavera, E., y Pena Garrido, M. (2010). Las competencias socioemocionales como factor de calidad en la educación. *Revista Iberoamericana sobre Calidad, Eficacia y Cambio en Educación, 8*, pp. 82-95. Recuperado de: http://dialnet.unirioja.es/descarga/articulo/3921000.pdf

Riso, W. (1988). Entrenamiento asertivo. Aspectos conceptuales, evaluativos y de intervención. [Assertiveness training. Conceptual, evaluative and intervention aspects]. Medellín: Rayuela.

Ruíz Aranda, D., Cabello González, R., Palomera Martín, R., Extremera Pacheco, N., Salguero Noguera, J. M., y Fernández Berrocal, M. (2014). *Programa INTEMO. Guía para mejorar la inteligencia emocional de los adolescentes.* Madrid: Pirámides.

Saarni, C. (2000). Emotional Competence. A Developmental perspective. En R. Bar-On y J. D. Parker (Eds.). *The Handbook of Emotional intelligence. Theory, Development, Assessment, and Application at Home, School, and in the Workplace* (pp. 68-91). San Francisco, Ca: JosseyBass.

Salovey, P., y Mayer, D. (1990). Emotional intelligence. In *Imagination, Cognition and Personality*, 9, 185-211.

Skinner, E. A., Edge, K., Altman, J., y Sherwood, H. (2003). Searching for the structure of coping: A review and critical category systems for classifying ways of coping. *Psychological Bulletin, 129,* 216-269. doi:10.1037/0033-2909.129.2.216

Spencer, L. M., y Spencer, S. M. (1993). *Competence at Work.* New York: John Wiley and Sons.

Zabalza, M. A. (2006). La tutoría en la universidad desde el punto de vista del profesorado. En *Revista de pedagogía*, ISSN 0210-5934, ISSN-e 2340-6577,Vol. 58, Nº 2, 2006, págs. 247-267.

Zahonero, A., y Martín, M. (2012). Formación integral del profesorado: hacia el desarrollo de competencias personales y de valores en los docentes. En *Tendencias Pedagógicas*. pp. 51-70.

Capítulo 3. Formación Docente

Aguerrondo, M. I., y Vezub, L. (2008). *Los profesorados de formación docente. Características de los formadores y de las instituciones. Una mirada hacia el interior de las instituciones terciarias de Formación Docente en la Argentina. Cambios y continuidades en su configuración*. Buenos Aires: Universidad de San Andrés. Fundación Lúminis.

Alliaud, A. (2013). La formación docente en Argentina. Aproximación a un análisis político de la situación. En *Itinerarios educativos*, 6, 6-2012-2013.

Anijovich, R. Cappelletti, G., Mora, S., y Sabelli, M. J. (2012). *Transitar la formación pedagógica: Dispositivos y estrategias*. Buenos Aires: Paidós.

Anijovich, R., y Mora, S. (2009). *Estrategias de enseñanza: Otra mirada al quehacer en el aula*. Buenos Aires: Aiqué.

Abbagnano, N., y Visalberghi. A. (1993). *Historia de la Pedagogía*. México: FCE.

Achilli, E. (2000). *Investigación y formación docente*. Rosario: Laborde Editor.

Ardiles, M., y Borioli, G. (2005). *Aprendizajes de los profesores de media en escenarios de trabajo*. Córdoba: Universidad Nacional de Córdoba.

Bain, K. (2005). *Lo que hacen los mejores profesores de universidad*. València, Publicacions de la Universitat de València.

Cullen, C. (2012). *La escuela formación docente y formación ciudadana*. Buenos Aires: Foro Educativo Nacional 2012.

Danielson, Ch., y Abrutyn, L. (2002). *Una introducción al uso de portafolios en el aula*. México: Fondo de Cultura Económica.

Daverio, P. A. (2007). Resiliencia y educación. Nuevas perspectivas en el abordaje de la resiliencia. En: M. Munist, E. Suárez Ojeda, D. Krauskopf y T. Silver (Comps.). *Adolescencia y resiliencia*. Buenos Aires: Paidós.

Davini, M. C. (2005). *Estudio acerca de la calidad y cantidad de oferta de la formación docente, investigación y capacitación en la Argentina*. Buenos Aires: Ministerio de Educación. Dirección Nacional de Gestión Curricular y Formación Docente. Agosto.

Davini, M. C. (1995). *La formación docente en cuestión: política y pedagogía*. Buenos Aires: Paidós.

Delorenzi, O. (2009). *Narrativa y construcción de la práctica: un modo de analizarla y redefinirla*. Mar del Plata: Universidad Nacional de Mar del Plata.

Díaz, E. (2003). *El sujeto y la verdad, memorias de la razón epistémica*. Rosario: Laborde Editor.

Egan, K. (1997). *The Educated Mind: How Cognitive tools shape our understanding*. Chicago: University of Chicago Press.

Fenstermacher, G. (1989). Tres aspectos de la filosofía de la investigación sobre la enseñanza. En Wittrock, M. *La investigación de la enseñanza*. Tomo I. Barcelona: Paidós.

Ferry, G. (1993). *Pedagogía de la formación*. Buenos Aires: Eds. FFL-UBA. Novedades Educativas.

Fierro, C., Fortoul, B., y Rosas, L. (2000). *Transformando la práctica docente. Una propuesta basada en la investigación acción*. Buenos Aires: Paidós.

Foucault, M. (1997). *Historia de la locura en la época clásica*. México: Fondo de Cultura Económica.

Gadamer Hans, G. (1996). *Verdad y Método, Tomo I, Fundamentos de una Hermenéutica Filosófica*. Salamanca, España: Sigueme.

Gimeno Sacristán, L., y Pérez Gómez, A. (1993). *Comprender y transformar la enseñanza*. Madrid: Morata.

Ginzo, A. (1998). Hegel y el problema de la educación. En *Escritos Pedagógicos* de G. W. R. Hegel. México: FCE.

Gros, B., y Romaña, T. (2004). *Ser profesor. Palabras sobre la docencia universitaria.* Barcelona: Ediciones Octaedro–ICE Universitat de Barcelona.

Imbernón, F. (2007). *La formación permanente del profesorado. Nuevas ideas para formar en la innovación y el cambio.* Barcelona: Graó.

Kaplun, G. (1996). *Empezar a trabajar. Una guía para la producción de materiales de autoaprendizaje para la inserción laboral juvenil.* Santiago de Chile: UNESCO/OREALC.

Larrosa, J. (2018). *P de Profesor.* Buenos Aires: Noveduc/Perfiles.

Leontiev, A. N. (1991). *Artículo de introducción sobre la labor creadora de L.S. Vygotsky.* En Obras escogidas. Tomo I. Madrid: Visor.

Mollis, M. (Comp.) (2006). *La formación universitaria para el sistema educativo y el sector productivo. Casos comparados.* Buenos Aires: Planeta.

Novoa, A. (2011). *O regresso dos profesores.* Pinhais: Melo.

Padilla, M. R. (2007). *La capacitación y actualización de profesores universitarios: un estudio de caso.* Guadalajara: U de G.

Paquay, L. (coord) (2005). *La formación profesional del maestro. Estrategias y competencias.* México: Fondo de cultura económica.

Passmore, J. (1983). *Filosofía de la enseñanza.* México: Fondo de Cultura Económica.

Perales, M. J., Sánchez, P., y Chiva, I. (2002). *El curso de iniciación a la docencia universitaria como de formación de profesores universitarios noveles en la Universitat de Valencia.* En *Revista Electrónica de Investigación y Evaluación Educativa.* (8), 1, 49–69. Recuperado de: http://www.uv.es/RELIEVE/v8n1/RELIEVEv8n1_4.htm

Rodríguez Arocho, W., y Alom Alemán, A. (2009). El enfoque sociocultural en el diseño y construcción de una comunidad de aprendizaje. En *Revista Electrónica publicada por el Instituto de Investigación en Educación.* Universidad de Costa Rica. ISSN 1409–4703Volumen 9, Número Especial. pp.1–21.

Souto, M. (2017). *Pliegues en la Formación. Sentidos y herramientas para la formación docente.* Buenos Aires: Homo Sapiens.

Souza, E. C., y Venancio Mignot, A. C. (2010). *Historias de vida e formacao de profesores.* Río de Janeiro: Quartet FAPERJ.

Stigler, J. W., y Hiebert, J., (2002). La brecha en la enseñanza. En *The Teaching Gap: Best ideas from the world's teacher for improving education en classroom.* New York. Free Pres. De la Traducción capítulos 1-7 Estudios Públicos, 86, 2002.

Tejada Fernández, J. (2009). Profesionalización docente en el escenario de la Europa del 2010: una mirada desde la formación. *Revista de Educación,* 8, 463-477.

Tenti Fanfani, E. (1995). Una carrera con obstáculos: la profesionalización docente. *Revista del Instituto de Investigaciones en Ciencias de la Educación* (IICE-UBA), Año IV, 7, 17-25. Miño y Dávila: Buenos Aires.

Terhart, E. (1987). El aprendizaje en la era de la modularización. Consecuencias del proceso de Bolonia para la enseñanza superior. En *Revista Española de Educación Comparada,* 12 (2006), 285-308.

Wenger, E. (2001). *Comunidades de práctica. Aprendizaje, significados e identidad.* Barcelona: Paidós.

Yurén Camarena, M. T. (2000). *Formación y puesta a distancia.* México: Paidós Educador.

Zabalza Beraza, M., y Zabalza Cerdeiriña, M. (2012). *Profesores y Profesión Docente. Entre el "ser" y el "estar".* Madrid: NARCEA.

Capítulo 4. Afrontamiento de las Prácticas Docentes

Mikulic, I. M., y Crespi, M. C. (2008). Adaptación y validación del Inventario de Respuestas de Afrontamiento de Moos (CRI-A) para adultos. En *Anuario de Investigaciones, 15*(2), 305-312. Recuperado de https://www.redalyc.org/pdf/3691/369139944030.pdf

Mikulic, I. M., Crespi, M., Caruso, A., Radusky, P. D., Ceccato, V., García Labandal, L. B. y Paolo, A. M. (2013). Competencias socioemocionales: el desafío de diseñar, construir y validar un instrumento de evaluación psicológica. *Memorias del V Congreso Internacional de Investigación y Práctica Profesional en Psicología. XX Jornadas de Investigación. Noveno Encuentro de Investigadores en Psicología del MERCOSUR.* (2), p.78. Facultad de Psicología, Universidad de Buenos Aires.

Mikulic, I. M., Crespi, M., y Radusky, P. (2015). Construcción y validación del inventario de competencias socioemocionales para adultos (ICSE). *Interdisciplinaria, 32*(2), 307-329. Recuperado de http://www.ciipme-conicet.gov.ar/ojs/index.php/interdisciplinaria/article/view/61/8

Mikulic, I. M., Crespi, M., y Caballero, R. (2016). Estudio psicométrico del Inventario Balanceado de Respuesta Deseable. *Anuario de Psicología, 46* (2), 58-66. doi:10.1016/j.anpsic.2016.07.002

Moos, R. H. 1993 *Coping Responses Inventory. Adult Form Professional Manual.* Odessa: Psychological Assessment Resources.

Paulhus, D. L., y Reid, D. (1991). Enhancement and denial in socially desirable responding. *Journal of Personality and Social Psychology, 60,* 307–317. http://dx.doi.org/10.1037/0022-3514.60.2.307

Paulhus, D. L. (1999). *Paulhus Deception Scales (PDS): The balanced inventory of desirable responding - 7.* North Tonawanda: Multi-Health Systems.

Capítulo 5. Resultados de la investigación

Álvarez, S. (2015). La autonomía personal y la autonomía relacional. En *Análisis filosófico.* vol. 35 no.1. Ciudad Autónoma de Buenos Aires, mayo 2015.

Alvarez, E. (2010). Creatividad y Pensamiento Divergente. Desafío de la mente o desafío del ambiente. Recuperado de https://www.academia.edu/download/34215773/creatividad_y_pensamiento_divergente.pdf

Anastasi, A., y Urbina, S. (1998). *Test psicológicos [Psychological tests],* (7a. ed.). México, DF: Prentice-Hall.

Augusto, J. M., Aguilar, M. C., y Salguero, M. F. (2008). El papel de la IEP y del Optimismo/Pesimismo disposicional: En la resolución de problemas sociales: un estudio con alumnos de trabajo social. *Electronic Journal of Educaational Psychology, 15*,(6), 363–382.

Beresaluce, M., Peiró, S., y Ramos, C. (2014). *El profesor como guía y orientador. Un modelo docente.* Alicante: Universidad de Alicante. ISBN 978-84-697-0709-8, (pp. 857-870). Recuperado de: `https://dialnet.unirioja.es/servlet/articulo?codigo=5871613`

Bergallo, C. L. y Roldán, L. P. (2014). *Estrategias de regulación emocional. Diferencias entre Facultades.* Tesis de Grado de La Facultad de Psicología de la Universidad Nacional de Mar del Plata.

Bisquerra, R. (2013). *Cuestiones sobre bienestar.* Barcelona: Síntesis.

Bisquerra, R., Pérez, J. C., y García, E. (2015). *Inteligencia emocional en educación.* Madrid: Editorial Síntesis.

Brackett, M. A., y Salovey, P. (2007). La evaluación de la inteligencia emocional con el Mayer, Salovey, Caruso emotional intelligence test (MSCEIT). En J. M. Mestre y P. Fernández Berrocal (Coords.), Manual de Inteligencia Emocional (pp. 67-78). Madrid: Pirámide.

Brackett, M. A., Rivers, S. E., Shiffman, S., Lerner, N., y Salovey, P. (2007). Relating Emotional Abilities to Social Functioning: A Comparision of Self-Report and Performance Measures of Emotional Intelligence. *Journal of Personality and Social Psychology*, 91, 780–795.

Cabello, R., Ruiz Aranda, D., y Fernández Berrocal, P. (2010). Docentes emocionalmente competentes. *REIFOP*, 13 (1), 41–49.

Cadoche, L. y Prendes, M. (2010). Competencias Sociales requeridas y observadas en alumnos de Medicina Veterinaria: la visión de los docentes.*Revista Electrónica de Veterinaria,* vol. 11, núm.3, pp.1–17.

Calderón, M., González, G., Salazar, P., y Washburn, S. (2014). El papel docente ante las emociones de niñas y niños de tercer grado. *Actualidades de Investigación en Educación, 14*(1), 1–23.

Candela Agulló, C., Barberá Heredia, E., Ramos López, A., y Sarrió Catalá, M. (1997). Inteligencia emocional y la variable género. En *REME (Revista Electrónica de Motivación y Emoción)*. ISSN-1138-493X. Valencia.

Comellas, M. J. (Coord.) (2002). *Las competencias del Profesorado para la acción tutorial.* Bilbao: Cisspraxis.

Cho, Y., y Shim, S. S. (2013). Predicting teachers' achievement goals for teaching: the role of perceived school goal structure and teachers' sense of efficacy. *Teaching and Teacher Education*, 32, 12-21. doi:10.1016/j.tate.2012.12.003

Costantino, C. (2016). *Reconstrucción de las trayectorias en formación y los recorridos seguidos por los Estudiantes del Profesorado para la Educación Primaria. Trabajo final integrador.* Universidad Nacional de La Plata. Facultad de Humanidades y Ciencias de la Educación. En Memoria Académica. Recuperado de: http://www.memoria.fahce.unlp.edu.ar/tesis/te.1377/te.1377.pdf

Davini, M. C. (2015). *La formación en la práctica docente.* Buenos Aires: Paidós.

Davis, T. L. (1995). Gender differences in masking negative emotions: Ability or motivation? *Developmental Psychology*, 31, 660-667.

Díaz Torres, J. M., y Rodríguez Gómez, J. M. (2010). El papel del docente en las situaciones de violencia escolar. *En Artículos y Ensayos.* Volumen XL. Nº 1. Pag. 53-68. México. RLEE.

Domagala Zyk, E. (2005). El Profesor como persona significativa: la diferencia entre la percepción de los alumnos de gimnazjum con problemas de aprendizaje y si ellos. *En Escuela Abierta. Vol 8.*

Donati, P. (2003). *Manual de Sociología de la Familia.* Pamplona: Eunsa.

Extremera, N., y Fernández Berrocal, P. (2002). Educando emociones: La educación de la inteligencia emocional en la escuela y la familia. En P. Fernández-Berrocal y N. Ramos Díaz (Eds). *Corazones Inteligentes* (pp. 353-375). Barcelona: Kairos.

Farkas, Ch. (2002). Estrés y afrontamiento en Estudiantes Universitarios. En *PSYKHE.* Vol 11, Nº 1, 57-68.

Feixas, M. (2004). La influencia de factores personales, institucionales y contextuales en la trayectoria y el desarrollo docente de los profesores universitarios. En *Educar. Departamento de Pedagogía Aplicada de la UAB. Vol. 33.*

Fernández Araque, A. M. (2013). Calidad de vida y percepción de salud de los profesores universitarios de las escuelas/facultades de enfermería españolas. Zaragoza: Universidad de Zaragoza.

Fernández Berrocal, P., y Extremera, N. (2002). La inteligencia emocional como una habilidad esencial en la escuela. *Revista Iberoamericana de Educación,* 29, pp. 1–6.

Fernández Berrocal, P., y Ruiz Aranda, D. (2008a). La educación de la inteligencia emocional desde el modelo de Mayer y Salovey. En A. ACOSTA (dir.), *Educación emocional y convivencia en el aula.* Madrid: Ministerio de Educación y Ciencia.

Fernández Berrocal, P., y Ruiz Aranda, D. (2008b). La inteligencia emocional en la educación. *Revista de Investigación Psicoeducativa,* 6, 193–204.

Fernández Domínguez, M. R., Palomero Pescador, J. E., y Teruel Melero, M. P. (2009). El desarrollo socioafectivo en la formación inicial de los maestros. *En REIFOP, 12*(1), 33–50. Recuperado de: https://www.aufop.com/aufop/home/

Ferrando, P., y Chico, E. (2000). Adaptación y análisis psicométrico de la Escala de Deseabilidad social de Marlowe y Crowne. *Psicothema, 12*(3), 383–389.

Fredrickson, B. L. (2000). Extracting meaning from past affective experiences: The importance of peaks, ends, and specific emotions. In *Cognition and Emotion,* 14, 577–606.

García Labandal, L. (2017). El afrontamiento las competencias socioemocionales en la enseñanza de la Psicología. En *XXXVI Congreso Interamericano de Psicología. Organizado por la Sociedad Interamericana de Psicología.* Mérida, Yucatán.

García Retana, J. (2012). La educación emocional, su importancia en el proceso de aprendizaje. *Revista Educación,36,*(1), 97–109, ISSN: 0379–7082, enero–junio, 2012. Recuperado de https://www.redalyc.org/pdf/440/44023984007.pdf

Gargurevich, R. (2008). La autorregulación de la emoción y el rendimiento académico en el aula: El rol del docente. En *Revista Digital de Investigación en Docencia Universitaria, Año 4*, N° 1, Dic. 2008. Universidad Peruana de Ciencias Aplicadas.

González, N. (2008). Prevalencia del estrés en la satisfacción laboral de los docentes universitarios. *En REDHECS*. 2008;(4):68–89.

Guevaras Rivas, H., y Domínguez Montiel, A. (2011). Calidad de vida del docente universitario vista desde la Complejidad. En *Revista Cubana Salud Pública. Vol.37* no.3 Ciudad de La Habana, jul-set. 2011.

Gupta, S. K. (2011). Intention-to-treat concept: A review. *Perspectives in Clinical Research*, 2, 109–112. http://doi.org/10.4103/2229-3485.83221

Hernández Padilla. J. A., Morales Martínez, M. A. y Arriaga Tapia, M. Y. (2017). Calidad de vida laboral en docentes universitarios: más allá de la satisfacción. Memorias del Congreso Nacional de Investigación Educativa, Potosí 2017, México. Recuperado de: http://www.comie.org.mx/congreso/memoriaelectronica/v14/doc/1869.pdf

Hernández Sampieri, R., Fernández Collado, C. y Baptista Lucio, P. (2003). *Metodología de la Investigación*. México: Mc Graw Hill.

Hernández, C. (1999). *Manual de creatividad publicitaria*. Madrid: Síntesis.

Hernández, E. (2007). La aceptación de la diversidad en el aula desde la formación del alumno en actitudes cooperativas: técnicas y estrategias. Ponencia en el XXIV Congreso de Universidades y Educación Especial, Huelva.

Herranz Bellido, J. (2009). *La calidad de vida, el trabajo y la salud de los profesores universitarios [tesis]*. Alicante: Universidad de Alicante. Recuperado de: http://rua.ua.es/dspace/bitstream/10045/3607/1/Herranz-Bellido-Jesus.pdf

Hué, C. (2007). Una experiencia de formación en competencias emocionales del profesorado universitario. En *Innovación docente, tecnologías de la información y la comunicación e investigación educativa. Caminando hacia Europa*. Zaragoza: Universidad de Zaragoza.

Krishnamurti, J. (1978). *Krishnamurti y la educación.* Barcelona: Edhasa.

Lave, J. y Wenger, E. (1991). *Situated learning: legitimate peripheral participation.* Nueva York: Cambridge University Press.

Llacuna Morera, J., y Pujol Franco, L. (2004). *La conducta asertiva como habilidad social.* España: Ministerio de Trabajo y Asuntos Sociales.

Martínez Figueira, M. E., y Raposo Rivas, M. (2011). Funciones generales de la tutoría en el prácticum: entre la realidad y el deseo en el desempeño de la acción tutorial. *En Revista de Educación*, 354, 155–181.

Mearns, J., y Cain, J. E. (2003). Relationships between teachers occupational stress and their burnout and distress: Roles of coping and negative mood regulation expectancies. *Anxiety, Stress and Coping,* 16(1), 71–82. doi:10.1080/1061580021000057040

Megia Cuelliga, C. (2015). Competencias del maestro mentor de prácticas. *En Enseñanza y Teaching,* 33, 151–170. ISSN: 2386–3919.http://dx.doi.org/10.14201/et2015332151170

Melillo, A. (2008). Resiliencia y Educación. En Melillo, A., y Suárez Ojeda, E. (Comp.). *Resiliencia: descubriendo las propias fortalezas* (pp. 123–144). Buenos Aires: Paidós.

Melillo, A., Suárez Ojeda, N., y Rodríguez, D. (Comp.) (2005). *Resiliencia y subjetividad.* Buenos Aires: Paidós.

Mikulic, I. M., y Crespi, M. C. (2008). Adaptación y validación del Inventario de Respuestas de Afrontamiento de Moos (CRI–A) para adultos. En *Anuario de Investigaciones,* 15(2), 305–312. Recuperado de https://www.redalyc.org/pdf/3691/369139944030.pdf

Mikulic, I. M., Crespi, M., Caruso, A., Radusky, P. D., Ceccato, V., García Labandal, L. B. y Paolo, A. M. (2013). Competencias socioemocionales: el desafío de diseñar, construir y validar un instrumento de evaluación psicológica. *Memorias del V Congreso Internacional de Investigación y Práctica Profesional en Psicología. XX Jornadas de Investigación. Noveno Encuentro de Investigadores en Psicología del MERCOSUR.* (2), p.78. Facultad de Psicología, Universidad de Buenos Aires.

Mikulic, I. M., Crespi, M., Radusky, P. (2015). Construcción y validación del inventario de competencias socioemocionales para adultos (ICSE). *Interdisciplinaria, 32*(2), 307-329. Recuperado de http://www.ciipme-conicet.gov.ar/ojs/index.php/interdisciplinaria/article/view/61/8

Mikulic, I. M., Crespi, M., y Caballero, R. (2016). Estudio psicométrico del Inventario Balanceado de Respuesta Deseable. *Anuario de Psicología, 46* (2), 58-66. doi:10.1016/j.anpsic.2016.07.002

Munist, M. y colaboradores (1998). *Manual de identificación y promoción de la Resiliencia en niños y adolescentes.* Lima: Organización Panamericana de la Salud.

Munist, M., Suárez Ojeda, N. Krauskopf, D., y Silber, T. (Comps) (2007). *Adolescencia y Resiliencia.* Buenos Aires: Paidós. Tramas sociales.

Organización de las Naciones Unidas. (1948). *Declaración Universal de Derechos Humanos.* Nueva York: Organización de las Naciones Unidas. Recuperado de: http://www.un.org/es/universal-declaration-human-rights/

Ormachea, I. (2011). *Procesos de Diálogo Intercultural.* Perú: PCM–PNUD Comisión Europea. Universidad Continental.

Osti, A., y Porto Noronha, P. (2015). Asociación entre afectos y optimismo en estudiantes del curso de Pedagogía. *Revista Colombiana de Educación* Nº 68 ISSN 0120–3916 198. Primer semestre de 2015. Bogotá, Colombia.

Palomera, R., Fernández–Berrocal, P., y Brackett, M. (2008). La inteligencia emocional como una competencia básica en la formación inicial de los docentes: Algunas evidencias. *Revista Electrónica de Investigación Psicoeducativa*, 6 (2), 437–454.

Palomera, R., Gil–Olarte, P., y Brackett, M. (2006). ¿Se perciben con inteligencia emocional los docentes? Posibles consecuencias sobre la calidad educativa. *Revista de Educación*, 341, 687–703.

Palomero, P. (2009). Desarrollo de la competencia social y emocional del profesorado: una aproximación desde la psicología humanista. *Revista Electrónica Interuniversitaria de Formación del Profesorado*, 12(2), 145–153. Recuperado de https://www.researchgate.net/publication/28319309_Desarrollo_de_la_competencia_social_y_emocional_del_profesorado_una_aproximacion_desde_la_psicologia_humanista

Paulhus, D. L., y Reid, D. (1991). Enhancement and denial in socially desirable responding. *Journal of Personality and Social Psychology, 60*, 307–317. http://dx.doi.org/10.1037/0022-3514.60.2.307

Peñaherrera-Larenas, F., Cárdenas-Cobo, J., y Cedillo-Fajardo, M. (2015). *Perception in the professional lives quality of university teachers. En Universidad, Ciencia y Tecnología.* Vol.19, n.77, pp. 166–173. ISSN 1316-4821.

Perandones, T. M., Castejón, J. L. (2007). Estudio correlacional entre personalidad, inteligencia emocional y autoeficacia en profesorado de educación secundaria y bachillerato. En A. Jiménez, M. A. Lou (Eds.), V Congreso Internacional "Educación y Sociedad". La Educación: Retos del Siglo XXI (pp. 1-8). Granada, España: Ilustre Colegio de Doctores y Licenciados en Ciencia y en Letras de Granada, Almería y Jaén.

Perandones, T. M., Herrera, L., y Lledó, A. (2013). Felicidad subjetiva y autoeficacia docente en profesorado de República Dominicana y España. *European Journal of Investigation in Health, Psychology and Education, 3*(3), 287–298. doi:10.1989/ejihpe.v3i3.50

Porter, L. (2012). *Análisis conceptual de la Tutoría en la Educación Superior.* México: Universidad Nacional de México. Recuperado de: https://tutoria.unam.mx/sites/default/files/11-anconcportermayo6.pdf

Puig Cruells, C. (2005). El rol docente del tutor de prácticas. El acompañamiento del estudiante. *Revista Portularia. Vol. 4.* Universidad de Huelva.

Ramia, N. (2014). La regulación emocional, la relación estudiante-profesor y el aprendizaje. *Para el Aula*, junio 2014, pp. 27–28. Universidad San Francisco de Quito Recuperado de https://www.usfq.edu.ec/publicaciones/para_el_aula/Documents/para_el_aula_10/pea_010_0015.pdf

Ramos Casaverde, R. (2018). *Aplicación adecuada de estrategias metodológicas en el área de Historia, Geografía y Economía.* Perú: Pontificia Universidad Católica del Perú.

Raudenbush, S. W., y Bryk, A. S. (2002). *Hierarchical linear models: Applications and data analysis methods (2nd ed.).* Thousand Oaks, CA: Sage.

Ravazzola, M. (2001). Resiliencias familiares. En Melillo, A., y Suárez Ojeda, E. (Comp.). *Resiliencia: descubriendo las propias fortalezas* (pp. 103–122). Buenos Aires: Paidós.

Rodríguez, M. C ., y Aguilar, M. E. (2005). Jubilación y calidad de vida en profesores universitarios: el rol de la familia. En *Estudios sobre las familias,* 2005, 4:49–62.

Rodríguez, M. C., y Rodríguez Ledo, C. (2011). Inteligencia emocional: emociones positivas, felicidad y calidad de vida. *En Aprende RH,* 30, 70–76.

Saarni, C. (2000). Emotional Competence. A Developmental perspective. En R. Bar–On y J. D. A. Parker (Eds.), *The Handbook of Emotional intelligence. Theory, Development, Assessment, and Application at Home, School, and in the Workplace* (pp. 68–91). San Francisco, Ca: JosseyBass.

Sánchez Santa–Bárbara, E. (1999). Relación entre la autoestima personal, la autoestima colectiva y la participación en la comunidad. En *Anales de Psicología,* 1999, Vol. 15, nº 2, 251–260. Servicio de Publicaciones de la Universidad de Murcia (España).

Scheier, M. F., Carver, C. S., y Bridges, M. W. (2001). Optimism, pessimism, and psychological well–being. En E. C. Chang (Ed.), *Optimism and pessimism: implications for theory; research, and practice* (pp. 189– 216). Washington, DC: American Psychological Association.

Seligman, M. E. P., Ernst, R. M., Gillham, J., Reivich, K., y Linkins, M. (2009). Positive education: Positive psychology and classroom interventions. *Oxford Review of Education,* 35 (3), 293–311.

Sicre, E., y Casaro, L. (2014). Estrategias de afrontamiento en estudiantes de Psicología. En *Revista de Psicología,* 10 (20). Recuperado de: http://bibliotecadigital.uca.edu.ar/repositorio/revistas/estrategias-afrontamiento-estudiantes.pdf

Snyder, C. R., y Lopez, S. J. (2009). *Psicologia Positiva: Uma abordagem científica e prática das qualidades humanas.* Porto Alegre: Artmed.

Sonnentag, S., y Geurts, S. A. (2009). Methodological issues in recovery research. En: S. Sonnentag, P. L. Perrewé y D. C. Ganster (Eds.). *Current Perspectives on Job-Stress Recovery, Vol. 7* (pp. 1-46). New York: JAI Press/Elsevier.

Torrijos Fincias, P., y Martín Izard, J. F. (2014). Desarrollo de competencias emocionales en el profesorado de educación secundaria a través de una intervención por programas. *Revista Teoría de la Educación: Educación y Cultura en la Sociedad de la Información, 15*(1), 90-105. Recuperado de: https://revistas.usal.es/index.php/eks/article/download/11654/12069

Triana Quijano, A., y Velásquez Niño, A. (2014). Comunicación asertiva de los docentes y clima emocional del aula en preescolar. *Voces y Silencios: Revista Latinoamericana de Educación, Vol. 5, No. 1, 23-41 ISSN: 2215-8421.*

Valverde, J., Fernández, M. R., y Revuelta, F. I. (2013). El bienestar subjetivo ante las buenas prácticas educativas con TIC: su influencia en profesorado innovador. *Educación XX1*, 16 (1), 255-280. doi:10.5944/educxx1.16.1.726

Vera, B. (2006). Psicología positiva. Una nueva forma de entender la psicología. En *Papeles del psicólogo, 27*(1), 3-8.

Verdugo, J., Guzmán, J., Moy, N., Meda, R., y González, O. (2008). Factores que influyen en la calidad de vida de profesores universitarios. *Psicología y Salud* [Internet]. 2008;18(1).

Viloria, A. R., Yáñez, M. S. S., y Vañó, A. C. (2010). El optimismo. Aplicaciones educativas. En Vañó, A. C. (Org.), *Aplicaciones educativas de la psicología positiva.* España: Generalitat Valenciana.

Walsh, F. (2005). *Resiliencia familiar.* Buenos Aires: Amorrortu.

Woltman, H., Feldstain, A., MacKay, J. C., Rocchi, M. (2012). *An introduction to hierarchical linear modeling. Tutorials in Quantitative Methods for Psychology, 8*, 52–69.

Zahonero, A., y Martin, M. (2012). Formación integral del profesorado: hacia el desarrollo de competencias personales y de valores en los docentes. *Tendencias pedagógicas*, 20, 51–70.

Capítulo 6. Conclusiones

Galeano, E. (2011). Poema "De nuestros miedos". *El libro de los abrazos*. España: Siglo XXI. ISBN: 978-84-323-0690-7.

Ver también las referencias listadas en las secciones anteriores: *Capítulo 1, Capítulo 2, Capítulo 3, Capítulo 4* y *Capítulo 5*.

Capítulo 7. Futuras líneas de investigación

Costa, P.T. Jr., y McCrae, R.R. (1992). *Revised NEO Personality Inventory (NEO-PI-R) and NEO Five-Factor Inventory (NEO-FFI): professional manual.* Odessa, FL: Psychological Assessment Resources.

Costa, P.T. Jr., y McCrae, R.R. (1999). *NEO PI-R, Inventario de Personalidad NEO Revisado. NEO-FFI, Inventario NEO reducido de Cinco Factores. Manual.* Madrid: TEA Ediciones.

Pianta, R.C. (2001). *Teacher Relationship Scale: Professional manual.* Odessa, FL: Psychological Assessment Resources.

Millon, T. (2001). *Inventario de Estilos de Personalidad de Millon, Manual.* Adaptación de M. P. Sánchez-López, J.F. Díaz-Morales y M.E. Aparicio-García. Madrid: TEA Ediciones.

Moreno García, R. M. y Martínez-Arias, R. (2008). Adaptación española de la escala de relación profesor-alumno (STRS) de Pianta. *Psicología Educativa, 14*(1), 11--27.

ANEXO II

Instrumentos utilizados

1. Entrevista Estructurada para la Evaluación de las Prácticas Docentes en Profesores (EPDP).

   Autoras: Dra. Isabel María Mikulic y Livia García Labandal (2015).

2. Inventario de Respuestas de Afrontamiento (CRI, Coping Responses Inventory).

   Autor: Rudolf H. Moos (1993).

   Traducción y Adaptación: Dra. Isabel María Mikulic (2007); Mikulic y Crespi (2008).

   Nueva Adaptación: Dra. Isabel María Mikulic y Livia García Labandal. (2015).

3. Inventario de Competencias Socioemocionales (ICSE)

   Autora: Dra. Isabel María Mikulic (2013); Mikulic, Crespi, et al. (2013); Mikulic, Crespi, y Radusky (2015).

4. Inventario Balanceado de Respuesta Deseable-Versión 7.

   (BIDR, Balanced Inventory of Desirable Responding-Version 7, 1999).

   Autor: Delroy L. Paulhus (1999); Adaptación: I. M. Mikulic (2009).

Los instrumentos mencionados más arriba están disponibles mediante solicitud directa a sus autoras, exclusivamente a los fines de investigaciones académicas.

ANEXO III

Nomenclatura y terminología utilizada

A continuación se explica la terminología utilizada, se definen los símbolos estadísticos usados en el texto y las tablas, y se describen las pruebas estadísticas utilizadas en el análisis de los datos.

N: tamaño de la muestra.

$\overline{\boldsymbol{M}}$: valor medio de la muestra. Suma de los valores relevados divida por *N*. En las publicaciones a veces se utiliza solo *M* y también $\overline{X}$.

Varianza: suma del cuadrado de las diferencias entre el valor medio y cada valor relevado, dividido por $N - 1$. Se utiliza el simbolo σ^2 para población.

SD: desviación estándar o error cuadrático medio, o sea la raíz cuadrada de la varianza. Se suele utilizar el símbolo σ para población y s para el caso de la muestra.

Error del valor medio: error cuadrático medio dividido por $\sqrt{N}$. A veces denominado error estándar de la media o error medio del promedio.

t: *t* de Student. La distribución *t* (de Student) es una distribución de probabilidad que surge del problema de estimar el valor medio de una población normalmente distribuida cuando el tamaño de la muestra es pequeño y no se conoce la desviación estándar de la población. La prueba *t* de Student se utiliza para determinar la significación estadística de la diferencia entre dos medias muestrales de una población, cuando su desviación estándar no se conoce y debe ser estimada de las muestras. Si la desviación estándar de los errores fuera conocida (o el tamaño de al muestra fuera muy grande) se utilizaría la distribución normal en lugar de la distribución t.

Se suele informar como $t(nro)$ donde nro es el número de grados de libertad, que en este libro es generalmente el tamaño de la muestra menos uno o menos dos. Por ejemplo $t(172)$ cuando $N = 173$.

r: coeficiente de correlación de Pearson o simplemente correlación. Es una medida de la dependencia *lineal* entre dos variables aleatorias cuantitativas y continuas. A diferencia de la covarianza, la correlación de Pearson es independiente de la escala de medida de las variables. Toma un valor entre -1 y 1. Un valor de $r = 0$ indicaría que no hay correlación lineal alguna entre las variables observadas. Se usa ρ en el caso de población.

valor–p: en estadística general y en contrastes de hipótesis, el *valor–p* (usualmente informado como *p*, en inglés *p–value*) se define como la probabilidad (es decir $0 > p > 1$) de que un valor estadístico calculado sea posible, dada una hipótesis nula cierta (la hipótesis nula es el reverso de la hipótesis de investigación). En términos prácticos, el *valor–p* ayuda a diferenciar resultados que son producto del azar del muestreo de los resultados que son estadísticamente significativos.

Si el *valor–p* cumple con la condición de ser menor que un nivel de significancia impuesto arbitrariamente (usualmente .001 o .005), el resultado se considera como estadísticamente significativo y permite, por lo tanto, rechazar la hipótesis nula. En una investigación permite decidir si los resultados obtenidos en una muestra se aplican a una población.

ICC: Coeficiente de Correlación Intraclase (a veces llamado ρ): es una medida de cuan relacionados están los datos que fueron clasificados en grupos o clases diferentes. Lo hace comparando la varianza *en* cada clase con la varianza *entre* las clases o grupos. Cuando más alto es el *ICC* mayor es la diferencia o separación entre clases. Los valores oscilan entre 0 y 1. Se interpreta como el porcentaje de varianza explicada en la variable de resultado a partir de la variable de agrupamiento que se analiza. Se asume que un ICC superior a .01 (1% de varianza explicada) implica un efecto significativo de la variable de agrupamiento.

Alfa de Cronbach: en psicometría, el Alfa de Cronbach es un coeficiente que sirve para medir la fiabilidad de una escala de medida.

U: prueba de la *U* de Mann–Whitney es una prueba no paramétrica aplicada a dos muestras independientes. Es la versión no paramétrica de la habitual prueba *t* de Student. La prueba de Mann–Whitney se usa para comprobar la heterogeneidad de dos muestras ordinales.

Modelos lineales jerárquicos (HLM): son modelos estadísticos con parámetros que varían en más de un nivel. El análisis de regresión toma en cuenta la estructura jerárquica de los datos, los que deben estar organizados jerárquicamente, es decir compuestos por grupos de unidades agrupadas de una forma organizada. Por ejemplo: estudiantes ubicados en aulas a su vez ubicadas en escuelas. En el caso de este estudio. el conjunto de Estudiantes está conformado por grupos, cada uno de ellos a cargo de un Tutor diferente. Esta estructura anidada violaría la independencia que presupone una regresión lineal clásica, porque los grupos de observaciones podrían no ser independientes entre sí.

Coeficientes γ: como resultado de los análisis HLM de dos y tres niveles que se realizaron sobre los datos se obtuvieron predictores simbolizados como γ con ciertos subíndices. Estos predictores pueden ser los efectos de determinadas variables sobre otras, o estimaciones de valores en un determinado momento dado. Por ejemplo, en la Tabla 5.30 el símbolo γ_{100} representa el efecto del tiempo sobre cada una de las variables (o, en otras palabras, el cambio desde el inicio hasta el final de la práctica). El número uno aparece como primer sub-indice porque es un predictor (el primero) en el primer nivel del modelo.

En forma análoga, en el texto de la página 134 el símbolo γ_{001} representa el efecto de Autoeficacia de los tutores sobre los niveles de Comunicación Expresiva al finalizar la práctica. En este caso, el número uno esta puesto como último sub–índice, porque es un predictor de nivel tres (tutores) sobre la variable.

Estudiantes: estudiantes de la carrera Profesorado de Psicología de la Universidad de Buenos Aires —"profesores en formación"—, que han sido objeto de este estudio.

Prácticas Docentes: prácticas docentes que realizan o realizaron los Estudiantes como parte de su formación, durante la realización de este estudio.

Tutor o Tutor de Práctica: profesores tutores de Prácticas Docentes del Profesorado de Psicología, que se desempeñan a cargo de comisiones de trabajos prácticos y que han sido parte de este estudio.

Nombres de las variables bajo estudio: se escribirán con mayúsculas cuando se muestren o analicen los resultados estadísticos. En cambio cuando se haga referencia a las mismas en términos conceptuales o más generales, se utilizarán las minúsculas. Así, por ejemplo se escribirá "Competencias Socioemocionales" en el primer caso y "competencias socioemocionales" en el segundo.

ANEXO IV

Lista de Tablas

Celebrando el fin de la cursada de Didáctica Especial y Práctica de la Enseñanza, asignatura anual del último año del Profesorado de Enseñanza Media y Superior en Psicología de la Universidad de Buenos Aires.
Los estudiantes exhiben los diplomas "simbólicos" de profesores que recibieron en la clase final.
En este espacio curricular se trabaja con un dispositivo pedagógico de comunidad de aprendizaje. Esta modalidad de trabajo propicia la interacción entre los participantes.
En la foto: la Profesora a cargo de la Comisión, dos coayudantes y sus estudiantes (2019).

www.ingramcontent.com/pod-product-compliance
Lightning Source LLC
LaVergne TN
LVHW041204150826
845673LV00001B/281